完全カラー図解

よくわかる

発達心理学

法政大学文学部心理学科教授
渡辺弥生 ［監修］

ナツメ社

はじめに

　発達心理学は、心の発達と身体の成長に着目した心理学です。

　人は生まれてからどんどん身体も心も成長し、やがて加齢により死を迎えます。人生100年時代に突入したといわれますが、この100年間に、人の何が変化し、どのようなことを思い、死を迎えていくのでしょうか。

　よりよく生きるということはどのようなことをいい、幸せでいたいと願うこの「幸せ」とは、何なのでしょうか。

　そもそも、人についてのこうした多くの問いは、アリストテレスやソクラテスの時代から長い歴史の中で関心の的であり、大きな不思議でした。生物的なことについては、15世期頃から、ホムンクルスとよばれる小さい人間が人工的に錬金術から作られるのではという説が唱えられていたりしました。魔術・占星術・宗教からもさまざまな考えが流布していました。

　興味深いのは、17世紀後半に入って、オランダのレーウェンフックが顕微鏡を作成して、精子の存在を発見したころから、人がどのように受精し、成長していくのか、生命の神秘が解き明かされ始めたのです。いわば顕微鏡の科学的な発展にともない、現在では、驚くような赤ちゃんの能力もわかってきています。

　しかし、いまだ解明が難しいのは、私たちの心の内面であり意識です。私たち人が生まれ死んでいくことは、単純に生物としての変化としてとらえられるだけではありません。意識は、教育や社会、文化、時代の影響を受けて変わっていきます。

　大海原に漕ぎ出した一艘の舟が、漕ぎ手の身体的な成熟や成長だけでなく、意志や粘り強さ、知識、感情などの内面の変化を自身で経験し、また

自然や他の人と関わり、どのように周囲の影響を受け、そしてどこへ向かっていくのか──、いまだ明らかでないことがたくさんあります。

「生まれたばかりなのに、どうしてまねができるの?」
「私という言葉より、ママという言葉を先に覚えたのはなぜ?」
「異なる存在の他の人の気持ちを想像できるのはなぜ?」
「なぜ、先月できなかった問題を今日解くことができるようになったの?」
「歳をとったほうが、幸せと感じている人の割合が多いのはなぜ?」

　発達に関わる不思議は、いまだ増えるばかりです。こうしただれもが持つ疑問や不思議に応えようというのがこの本のアンビシャスな目的です。どんな質問も受けてたちます、というくらい多くのトピックスについてまとめました。

　そして、どのページにも、難しいことの理解を助けるために、イラストや図を使ったわかりやすい説明がついています。

　生まれるところから歳を重ねるように読んでいただいてもよいですし、関心のあるトピックスから読んでもよいと思います。親御さん、子どもに関わる仕事に就かれている人だけでなく、「人」それ自体に関心のある方々どなたでも、楽しんで学んでいただける本になりました。

　たくさんの方々が、これはおもしろいと人の不思議に畏敬の念を持ち、そして子どもたちを育てる感慨深さを体験していただけることが願いです。

法政大学文学部　心理学科教授　渡辺 弥生

1章

「発達心理学」とは？

発達心理学とはどのような学問でしょうか？
そもそも発達心理学における「発達」とは
どういう意味でしょうか？
発達心理学の研究領域や発達心理学の意義、
発達心理学の研究方法など、
発達心理学の概要を見てみましょう。

誕生から死ぬときまで
生涯にわたって「発達」は続く

発達心理学における「発達」とは、どういうものでしょうか？
発達心理学では、心と身体が、（生まれてから死ぬまでの）生涯に
どう変化していくのかをとらえようとしています。

子どもはもちろん
大人になっても成長する

一般的に使われている「発達」という言葉は、赤ちゃんから青年期までのことをさすイメージがありますが、発達心理学の「発達」はちょっと違っています。

かつての発達心理学では、成人期以降は衰退の時期とされ、右肩上がりの成長を体現する子どもや青年たちが研究対象の中心であり、外面的変化や形態の変化が重視されていました。しかし、その後の研究の積み重ねにより、

発達心理学における一般的な発達区分

	0歳	1歳半		6歳
胎児期 （胎内）	乳児期 （1歳半頃まで）	幼児期 （就学まで）		児童期 （小学生）

出生 ┗ 新生児期（生後28日未満）

発達段階の分け方や年齢の区分は研究者によって異なります。
特に青年期の範囲は研究者により大きな違いがあります。
各区分の年齢は目安であり、個人差・文化差が大きいことを十分理解しておきましょう。

高齢になっても経験から得られる知恵や判断力など、内面的変化や機能的な変化は向上する面が見いだされるようになりました。実際、判断力やリーダーシップを求められる政治家・経営者の多くは成人期以降ですし、職人技術は高齢になっても色褪せないものです。

　現在の心理学では、一般の「発達」の解釈よりも、もっと広いそして深い意味で「発達」をとらえています。「誕生（受胎）から死にいたるまでの心身の変化」すべてを「発達」ととらえ、科学的に探求し解明しようとする、これが発達心理学という学問です。

発達段階という考え方

　発達をとらえる視点のひとつとして「発達段階」という考え方があります。発達の過程をいくつかの段階に分け、各段階（年代）の特徴をとらえやすくしたものです。エリクソン（Erikson）やピアジェ（Piaget）といった代表的な研究者も、それぞれ独自の発達段階理論を提唱しています（➡P22、24）。

　下図は発達心理学で用いられる一般的な発達区分（発達段階）です。本書も下記の区分に準じて構成しています。

12歳	25歳	65歳
青年期（中学生～20代前半）	**成人期**（20代後半～65歳頃）	**高齢期**（65歳以上）

└ **思春期**（10歳頃～16・17歳頃）　　　└ **中年期**（40代～65歳）

人は何かを失いながら
成長・成熟していく

どの時期においても人は何かを得ながら同時に何かを失い、
逆に失いつつ獲得しているといえます。私たちは
「獲得」と「喪失」の両方向の変化を経験しながら生きています。

獲得と喪失を繰り返して発達していく

発達段階で示される事柄の多くは、「〜ができるようになる」という「獲得」されるものが中心です。ところが、獲得できなくなることや失うこともあります。このように「喪失」することも含めて、「発達」ととらえます。

たとえば、赤ちゃんは生まれた当初は、さまざまな言語を聞き分けることができたり、多くの反射的な行動ができたりします（➡P46）。しかし、1歳になるころには、こうした機能や行動は失われていきます。赤ちゃんは、脳の神経細胞同士を結びつけるシナプスを増加させて環境に適応しようとしますが、必要ではない能力は捨てていくからです（生後はシナプスが過剰に形成されるが、必要な結合だけ残る過程は「刈り込み」とよばれている）。

また、高齢期になると運動機能や記憶力などが衰えていくことが想像できると思いますが、一方で、それまでの豊かな人生経験による知恵を獲得したり、幸福感や自尊心が高まったりします。エイジングへの適応として、衰退や喪失を最小にするために、人生をポジティブにとらえる見方が獲得されるのかもしれません。

「生涯発達」という発達観

発達を「獲得」と「喪失」の相互作用としてとらえる考え方は、バルテス（Baltes）によるものです。高齢になると多くの機能が低下しますが、その変化に合わせた工夫をすることで、それまでの状態を維持したり、喪失を最小限にしたりできる、という考え方です（➡P226）。喪失体験が新たなチャレンジを生むこともあります。

最近は「ウェルビーイング（➡P34）」や「サクセスフルエイジング（➡P226）」という言葉も注目されており、困難な体験などを乗り越えて、よりポジティブな面にも光を当てていこうとする傾向が高まっています。

人は生涯を通して、獲得と喪失を繰り返していく

生まれたばかりの赤ちゃんも、80歳を過ぎた高齢者も、それぞれ獲得するものと、喪失するものがあります。

赤ちゃん

高齢者

獲得

知覚や運動機能のほか、思考力、記憶力、コミュニケーション力など、たくさんのものを獲得していく。1歳を過ぎるころには、言葉（母語）や歩行を獲得する。

それまでの豊かな人生経験による知恵、幸福感や自尊心が高まる（エイジングへの適応）。

喪失

日本人が苦手な「L」と「R」の発音を聞き分けられるなど、生まれたばかりのころはさまざまな言葉を聞き分けられるが、1歳になるころには喪失する。

運動機能や認知機能（物事を正しく認識して適切に行動する）などが衰える。

環境に適応するために必要ではない能力は失われるが、その一方で、これからの生活に欠かせない日本語の発音や語彙などへの適応は向上し、やがて日本語をスムーズに「獲得」していくことになる。

発達の「ものさし」を持っていると人生の課題に前向きになれる

発達心理学では、人の心と身体が、いつの時期に
どのように変化するのか、さまざまな特徴を解き明かしてきました。
この知恵は、生きていくうえで、大きな助けになります。

発達のものさしで人の身体と心の変化がわかる

10代のころ、自分の見た目について気になってしかたがなかったという経験はありませんか?

これは思春期特有の自己中心性（➡P192）から多くの人が経験することです。発達心理を知らないと、「自分がおかしいのでは?」と余計に不安になってしまいますが、発達心理を知っていれば、だれもが通る道であり、他者が自分をどのように見ているのか気になる時期は、だれにでもあるのだと受け取ることができます。そして、その時期の乗り越え方を学ぶことができれば、短所と思っていた自分の見た目も受け入れることができるようになるかもしれません。

つまり、発達心理を学ぶことで、大ざっぱにでも「発達のものさし」を持つことができます。予想できないと不安が大きくなりますが、このものさしがあると、自分の状態を客観的にとらえることができます。現在抱えている悩みも漠然とした将来の不安にも、原因がわかれば冷静に向き合えるのです。

自分と他人との関係に悩むときにも助けになる

たとえば、わが子がなぜこんな行動をとるのか理解できないと悩む親は、「うちの子だけ特殊?」と考えがちです。でも「発達のものさし」を参考にすれば、「うちの子」以外にも同じような行動をとる子が少なくないとわかります。その時期の特徴として理解できると、「これも成長のしるし」と、おおらかに受け止めることができるものです。

発達心理学は、暮らしに密着した身近な学問であり、さまざまな年代に生きる人間の心をよく理解できる学問です。発達心理学の知見を日々の、個々の暮らしに役立てることができます。もちろん、社会に貢献するのに必要な知識も多く蓄えられています。教育や医療福祉はもちろん、さまざまな現場・職種で役立っています（➡P32）。

「発達のものさし」は自分や他者の理解に役立つ

悩みのいくつかは、多くの人が経験する発達段階によくあるものかもしれません。
「発達のものさし」を知ることで、悩みに客観的に向き合えます。

 誕生

\ 発達のものさし /

第一次反抗期（➡P96）

イヤダ、イヤダ

これが第一次
反抗期ね……

第二次反抗期（➡196）

青年期の自己中心性（➡P192）

みんな私のくせ毛を
見て笑っているに
ちがいない

自分も同じように
悩んでいたっけ

アイデンティティの危機（➡P202）

がんばれ、
息子よ……！

ぼくはどの道を
行けばいいんだ？

空の巣症候群（➡P220）

子どもたちが
巣立ってしまって毎日つらい。
でもこれは空の巣症候群ね。
新しい楽しみを
見つけましょう！

 死

そもそもなぜ人は 悩むのだろう?

「なぜ人は悩むのか?」──。発達心理学の視点で考えてみると、
時間的展望の発達や人間関係の広がりが、
悩みに大きく関わっているようです。

けんかしても すぐ仲直りできる幼児期

幼い子どもはあまり悩みません。ところが、小学校、中学校と年齢が高まるほど悩みは増えていくものです。

人は成長するにつれて、現在のことだけではなく、過去を振り返ったり、未来を想像したりします。また、発達段階によって、「時間」のとらえ方が違います。つまり、「時間的展望」の能力が変化します。幼少期は「昨日」「今日」「明日」くらいの理解で生活しています。記憶の力とも関係します。お母さんとの約束もすぐに忘れてしまい叱られることも少なくありません。友だちとけんかをしても引きずったりせず、すぐに仲直りできます。

時間概念の発達が 悩みや葛藤を増やす

小学生になって、月曜日から日曜日の1週間の理解ができるようになり、しだいに時間を見通す力が発達していきます。明日も1日たつと「今日」になるということも理解できるようになります。すると「謝っても2、3日は許してもらえないかも」などと見通して、「ごめんね」を言い出せないまま、複雑にこじれてしまうこともあります。

中学生、高校生になるとさらに過去のことを引きずったり、先のことをあれこれ考えたりしがちです。大学受験や職業選択など、大きな決断をする機会が増えることで、より悩みが増えていきます。

人との関わりが増え、 さらに悩みが増える

時間を見通す力が発達するのと同様に、対人関係も広がっていきます。また、対人関係の広がりとともに、「他者」の気持ちも考えられるようになっていきます。

幼児期は自分のことを考えるので精一杯ですが、小学校に入るころになると自分の関心のある人との二者関係程度は考えられるようになり、相手の気

時間的展望の発達と悩みの関係

1、2歳

まだ時間の感覚はほとんどわからない。

遊ぶー

明日にしようね

4、5歳

昨日、今日、明日ぐらいはわかってくる。

また明日ねー

うん♪

6、7歳頃

「何月何日何曜日」がわかってきて、1週間ぐらい先のことを考えるようになる。来週、来年の意味もわかってくる。

運動会

来週の運動会楽しみだなー

小学校中学年頃

時間的展望の発達とともに、近い将来のネガティブなことも想像するようになり、悩みが出てくる。

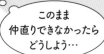

このまま仲直りできなかったらどうしよう…

小学校高学年頃

「昨日、今日、明日」は軸を変えれば無限にあることがわかる。時間の流れを知り、抽象的な思考ができるようになる。将来の夢も自分の能力をふまえて現実的に考えるようになる。

プロになるには力が足りない。もっと練習しないと！

中学生以上（青年期）

将来をより現実的に考えられるようになり、将来に対する期待と不安が交錯する時期。過去のことを長く引きずったり、先のことをあれこれ悩んだりする。

あんなこと言わなきゃよかった…

ぼくがやりたいことって…

対人関係の広がりは思いやりと葛藤を生む

幼児期

自分のことを考えるので精一杯の時期。他者の気持ちを考えることは難しい時期なので、「悩む」ということも少ない。

小学校低学年頃

身近な人であれば相手の気持ちを推測できるようになるが、笑っていれば「嬉しい」といった表面的な理解にとどまるため、人のことを気にして悩むということはまだ多くない。

楽しいねー

小学校中学年頃

相手が何を考えているか、自分が心の中で何を思っているかなど、お互いの気持ちを推し量ったりできるようになる。そのぶん悩むことも増えてくる。

気にしてないよ

でもほんとは
気にしてるかも…

小学校高学年～
中学1、2年生頃

「彼」「彼女」といった第三者の気持ちも想像するようになる。そのぶん悩みはだんだん複雑になってくる。

Aちゃんが
正しいと思うけど、
それ言ったら余計
こじれるよね…

中学生以降

知らない人や集団の気持ちも、情報が与えられれば思い描くことができるようになり、世界の平和や社会問題について思い悩むなど、悩みの内容も多様化する。

世界には戦争で
苦しんでいる人がいる。
戦争をなくすには
どうすれば…

持ちを推測しますが、6、7歳くらいだと笑っていれば「嬉しい」といった表面的な理解にとどまります。

小学校中学年になると、相手が何を考えているか、自分が心の中で何を思っているかなど、お互いの気持ちを推し量ったりできるようになります。

小学校高学年から中学生くらいになると、気の合った二者関係の中で「わたし」と「あなた」のことを互いに考えるだけでなく、第三者としてクラスに存在するクラスメートの「彼」や「彼女」の気持ちまで想像し、思いやることができるようになります。

中学生以降は、知らない人や集団の気持ちも、情報が与えられれば思い描くことができるようになります。

対人関係の広がりにより、さまざまな立場の人の気持ちまで考えることができるようになることで、思いやる力が獲得されるわけですが、他方で、葛藤することも多くなります。

多様な人間関係の中で大人もたくさん悩む

社会に出ると、学生時代とは違った多様な人間関係を築くことになります。仕事、結婚、育児、さらには老後、介護問題など、悩みの種はつきません。

また、70代、80代くらいになると、未来を「限られた大事な時間」として考えるようになります。対人関係は逆にしだいに狭くなります。そうなってくると、「今日もおいしいごはんを食べられて幸せ」「お互いに健康でいられて幸せ」というように、なにげない1日を大切にする意識が強くなり、悩みの抱え方も変化すると考えられます。

悩みがあることは健全な発達のしるし

人は年齢を重ねるにつれ、時間的展望が発達し、人間関係も広がっていきます。時間的展望が発達するということはそれだけ考える力や想像力が発達したということですし、関わる人が多ければ多いほど、たくさんの人のことを考えるようになり、そのぶんトラブルも増えていきます。

ですから、悩んだり葛藤したりするのは、特別なことではありません。むしろさまざまな能力を得たからであり、「健康だからこそ悩みを抱えることができる」というべきでしょう。悩みや葛藤を見ないようにしたり、悩みや葛藤と向き合ったりできないことのほうが、不健康なことになります。

そして、悩みや葛藤にどう関わっていくとよいかについても学ぶことで、建設的な生き方ができるようになります。私たちは悩みと上手につきあいながら、人生を歩んでいくのです。

「生涯発達」に注目した
エリクソンの発達段階理論

エリクソンは、生涯発達の視点から人生を8つの段階に分けた
心理社会的発達理論を提唱。各発達段階で、
乗り越えるべき心理社会的危機があるとしました。

「生涯発達」という視点

アメリカの精神分析家エリクソンは、ここで紹介する「心理社会的発達理論」とともに、アイデンティティ論（➡P202）でもよく知られています。

エリクソンは、1950年に、人生を乳児から高齢期まで8つに分けて「心理社会的発達理論」（ライフサイクル論ともいう）を発表しました。

当時はフロイト（Freud）の発達理論などが知られていました。早期の危険を重視し、性的なエネルギーをベースにして考えられた理論であり、発達は青年期までと考えられていました。そのようななかで高齢者にも目を向けたエリクソンの理論は、現在の生涯発達心理学の先駆けとなる考え方で画期的なものでした。

心理社会的発達理論は、社会との関わりという視点を重視しており、心の発達過程を8つの段階に分けたものです。健全な発達を遂げるためには各段階で克服されるべき課題があるとしています（➡右図）。

心理社会的危機を乗り越えて人生の活力を得る

乳児期の「基本的信頼 対 基本的不信」、児童期の「勤勉性 対 劣等感」のように、各段階で対立する葛藤があります。この葛藤は「心理社会的危機」とよばれます。前者の要因が後者の要因を上回るようにバランスをとることで、段階ごとの活力が得られるとされます。

たとえば乳児期では、日々の生活の中で感じる親に対する信頼が不信を上回ることができると、希望という活力が得られると考えます。私たちは葛藤しながら社会に適応し、人生の活力を得て発達を遂げていくのです。

このようにエリクソンの発達理論については、各発達時期の葛藤がわかりやすく提唱されていますが、うまく乗り越えられなかったときに、次の発達段階に進むことができるのか、という点が研究者間で論議されています。

エリクソンの8つの発達段階（心理社会的発達理論）

段階	心理社会的危機	活力	特徴
1 乳児期 （0〜1歳頃）	基本的信頼 対 基本的不信	希望	養育者との関わりを通して基本的信頼を得るが、信頼できない体験があると基本的不信を抱く。
2 幼児前期 （1〜3歳頃）	自律性 対 恥・疑惑	意思	自分の意思で行動できるようになり、成功すればほめられ自信を持ち、失敗すれば恥ずかしさや自身への疑惑を持つ。
3 幼児後期 （3〜6歳頃）	自主性 対 罪悪感	目的 意識	さまざまなことに積極的に挑戦していく自主性が高まる。その一方で、行動を制限されたり、大人に叱られたりすることで罪悪感も生まれる。
4 児童期 （6〜12歳頃）	勤勉性 対 劣等感	有能	勉強やスポーツなどに取り組む勤勉性が高まる。周囲から認められたい思いが強くなり、うまくいかなかったり認められなかったりすると、劣等感を抱く。
5 青年期 （12歳〜 20代前半）	アイデンティティ 対 アイデンティティ の拡散	誠実	自分とはどんな人間かというアイデンティティに関心が向く。アイデンティティが獲得されず混乱したままでいると、拡散という危機状態になる。
6 成人前期 （20代前半 〜30代頃）	親密性 対 孤独	愛	パートナーと成熟した関係を築くことで親密性を得る。社会生活や活動から孤立したり、表面的・形式的な関係しか築けないと孤独に陥る。
7 成人後期 （30代 〜60代頃）	世代性 対 停滞	世話	次世代を育成することで、自らの成長にもつながる。一方で、次世代に無関心でいると、人間関係は停滞する。
8 高齢期 （60代頃〜）	統合 対 絶望	知恵	これまでの人生をよい人生だったと受け入れ、来たるべき死を受容する（統合）。自分の人生を受け入れられないと、絶望のまま死を迎えることになる。

子どもの思考の発達を分類した
ピアジェの発達段階理論

ピアジェは、子どもの認知機能に着目し、
子どもが、外界にある「もの」や「こと」を理解する過程や
考えるプロセスを、4段階に分けて考えました。

論理的思考以前の「感覚運動期」と「前操作期」

　私たちはどのようにして外界にある「もの」や「こと」を理解しているのでしょうか。1920年代から児童心理の分野でさまざまな研究を行ったスイスの心理学者ピアジェは、自身の3人の子どもの発達を詳細に観察することで、子どもの思考は、大きく4つの段階を経て発達していくことを明らかにしました（➡下図）。

　ピアジェの発達段階のポイントは、各期間の名前にも表れている「操作」です。「操作」とは、ここでは頭の中で行う論理的な操作、つまり論理的な思考ができるかどうかを意味します。

　2歳頃までは1段階目の「感覚運動期」にあたります。このころは、まだ頭を使って何かを考えるというよりは、

ピアジェの4つの発達段階（認知発達段階）

[1 感覚運動期
0～2歳頃]

見る、さわる、なめる、たたくなど、感覚や運動を通して直接「もの」に働きかけて、いろいろなものを知っていく時期（➡P70）。

[2 前操作期
2～7歳頃]

頭の中にイメージや表象を用いて、考えたり行動したりできるようになる。見立て遊びやごっこ遊びができるようになる。自分だけの立場から物事を見る「自己中心性」が特徴的（➡P84）。

見る、さわる、なめる、たたくなどして、五感を通していろいろなものを知っていく時期です。

次の「前操作期」は、幼児期にあたる時期です。まだ「論理的な操作（思考）」はできませんが、頭の中にイメージや表象を用いて、考えたり行動したりできるようになります。ブロックを電車に見立てたり、ごっこ遊びなどができるようになります。他者の視点に立って物事を考えることはまだ難しく、自分だけの立場から物事を見る「自己中心性」が特徴的です。

論理的思考を身につけ、「具体的」から「抽象的」へ

「具体的操作期」は、おもに児童期にあたります。この時期には空間的にも自分と違う位置から「もの」がどのように見えるかを想像することができるようになります。「保存」の理解も進み、入れ物の形を変えても、最初からある水の量に新しく水を加えたり、減らさない限り、量は変わらないことを理解できるようになります。この時期は目に見える具体的なものに対してのみ、論理的思考を発揮できます。

11、12歳以降になると「形式的操作期」の段階に入ります。具体的な事柄だけでなく、目に見えない抽象的なことも論理的に考えられるようになり、仮説や記号だけで説明される論理についても理解できるようになっていきます。

3 具体的操作期
7〜11歳頃

目に見える具体的なものがあれば、論理的な思考ができる。空間的にも自分と違う位置から「もの」がどのように見えるかを想像することができるようになる。保存概念が獲得される（➡P130、132）。

ジュースの量は同じだよ

4 形式的操作期
11、12歳頃以降

目に見えない抽象的なことも論理的に考えられるようになり、仮説や記号だけで説明される論理についても理解できるようになる（➡P134）。

AはBより大きく、BはCより大きい…。つまり……

発達に大きく影響するのは
遺伝？　それとも環境？

個々の能力や性格などの違いは、現在では遺伝と環境の
相互作用によるものという考え方が主流ですが、
古くからさまざまな議論がなされてきました。

1900年代前半の「遺伝か環境か」論争

かつては、「生まれ（遺伝）か育ち（環境）か」といった極端な二項対立で議論が展開されました。
特に有名なのはワトソン（Watson）とゲゼル（Gesell）の主張です。

遺伝より環境

ワトソンの
環境優位説

乳児を対象とした「恐怖条件づけ実験」の
結果などから、経験の積み重ねが人を形成
すると考え、遺伝よりも経験や学習といっ
た「環境」が重要であると主張した。

恐怖条件づけ実験

方法●もともとウサギを怖がっていなか
った生後11か月の男の子（アルバート坊
やとよばれる）に、ウサギを怖がるように
なる「条件づけ」を行った。それは、ア
ルバート坊やにウサギを見せながら大き
な音を出す（金づちで金属をたたく）こ
とを繰り返すものだった。

結果●やがてアルバート坊やは、金属音
の大きな音がなくても、ウサギを見ただ
けで怖がるようになった。

環境より遺伝

ゲゼルの
成熟優位説

双生児を対象にした実験などから、早期に
学習を始めても大きな効果は得られないと
いう結果を見いだし、「個々の成熟（時間の
経過により遺伝的なものが現れること）」を
待つこと（レディネス）の意義を唱えた。

双生児階段のぼり実験

方法●遺伝的に同一である一卵性双生児の
AとBを対象に、訓練期間に差をつけて、階
段のぼりの研究を行った。Aは早くに訓練
を開始し、総時間も長く訓練。BはAより
6週間遅れて訓練を開始した。

結果●ある一定の月齢になると、2人とも
同程度の階段のぼりの技能を示した。

＊現在は、ワトソンとゲゼルの研究方法に問題があったのではないかと指摘されている。

「遺伝か環境か」から 「遺伝も環境も」へ

私たちの性格や能力が、生まれつきのものなのか、育った環境によるものなのかといった議論は、アリストテレスやプラトンといった古代の哲学者たちの間でも議論されてきました。

そして20世紀になると心理学者たちも議論を展開するようになります。初期は、左ページに示したように、「生まれ（遺伝）か育ち（環境）か」、あるいは「成熟か経験か」といった、二項対立でさまざまな主張がされていましたが、その後、遺伝も環境もどちらも発達に大きな影響を与えるという考え方が示され、現在では、この考え方が広く支持されています（➡下図）。

発達には「遺伝も環境も」どちらも重要

「遺伝も環境もどちらも重要」とする考え方のなかでも、いくつか異なる説があり、なかでもシュテルン（Stern）の「輻輳説」や、ジェンセン（Jensen）の「環境閾値説」が有名です。

遺伝と環境は足し算　シュテルンの輻輳説

「輻輳」とは、1か所に集まるという意味で、人の発達は、遺伝と環境という独立した2つの要因が足し算的な関係にあるという説。たとえば、ある特性は遺伝3割で環境7割、また別の特性は遺伝5割で環境5割などという考え方。

しかし「そんな単純な足し算ではないのでは？」との指摘が登場し、別の考え方が登場。

遺伝と環境は相互作用　ジェンセンの環境閾値説

遺伝も環境も相互に作用して発達するという考え方。ジェンセンは、遺伝によって与えられた才能があっても、その才能を伸ばすためには、環境の必要最低限の適切さである「閾値」があり、それ相応の環境が重要だとする「環境閾値説」を唱えた。

また、環境閾値は、右図のように特性によって異なり、たとえば、特性Aの身長などは環境の影響をそれほど受けないため、環境条件が悪くても身長が伸びる可能性が高い。一方で、特性Dの絶対音感は環境の影響を強く受けるため、才能があってもきちんと環境を整えないと才能が開花しづらいといえる。

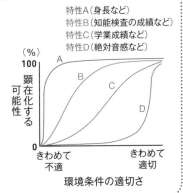

特性A（身長など）
特性B（知能検査の成績など）
特性C（学業成績など）
特性D（絶対音感など）

社会環境が個人の発達にも影響を与える？

人間の発達は、家庭や学校、友達といった
直接的に関わりのある人や事柄だけでなく、
間接的に関わる環境も発達に影響を与えています。

環境との相互作用のなかで人は発達する

前ページでも述べたように、人の発達には、遺伝的要因も環境的要因もどちらも影響を与えています。親との関わり、保育園や学校などでの先生や友達との関わり、あるいはこれまでのさまざまな経験・学習——、いずれも発達に何かしらの影響を与えています。

しかし、発達に影響を与える「環境的要因」は、身近な人や直接的な経験・学習だけでしょうか？

ブロンフェンブレンナー（Bronfenbrenner）は、子どもは社会環境から多くの影響を受け、子ども自身もまた社会環境に影響を与えていると考えました。さらに、子どもを取り巻く環境を、親子関係のような身近なところから、社会・文化といったレベルまで階層的にとらえ、4つの水準に分類して説明しています（➡右図）。この理論を、「生態学的システム理論」といいます。

4つの環境システムと1つの時間軸

右の図を見てみましょう。図の中心にある「マイクロシステム」は、子どもが実際に関わる行動場面です。家庭や学校（保育園、幼稚園）、友達、近隣との関係、また子どもが実際に経験する活動などが、それにあたります。

「メゾシステム」は、マイクロシステム内の関わりです。具体的には子どもが直接関わる家庭と学校との関わりなどが挙げられます。

「エクソシステム」と「マクロシステム」は、直接的な関わりはありませんが、間接的に子どもの発達に影響を及ぼす環境です。

エクソシステムは、具体的には、親の職場やきょうだいが通う学校、地域社会の教育・子育て環境、マスメディアなどが挙げられます。たとえば、親の職場の労働時間や人間関係によるストレスは、家での子どもへの接し方に影響を与え、それが子どもの発達にも

ブロンフェンブレンナーの生態学的システム理論

個人の考え方や価値観、性格、好みなどは、周囲のさまざまな人や物事から影響を受けて形成されます。それは身近な人や直接的に経験したことだけでなく、地域の雰囲気や慣習、国の文化や制度などからも影響を受けています。

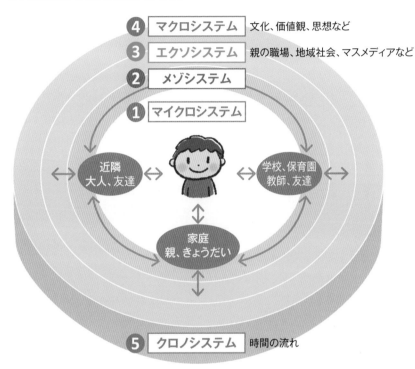

4 マクロシステム 文化、価値観、思想など
3 エクソシステム 親の職場、地域社会、マスメディアなど
2 メゾシステム
1 マイクロシステム

近隣 大人、友達 ↔ ↔ 学校、保育園 教師、友達 ↔

家庭 親、きょうだい

5 クロノシステム 時間の流れ

間接的に影響する可能性があるでしょう。あるいは職場の同僚から得た子育てに関するアドバイスによって、子どもへの働きかけが変わるといったことも考えられます。

マクロシステムは、内側の３つのシステムに一貫性をもたらす信念体系のことで、国の文化、社会的習慣、イデオロギーなどをさします。

そして、これらのシステムは時間とともに変化するものでもあり、そうした時間の流れを表したのが、後に追加された「クロノシステム」です。図では縦軸で示されます。

このように人はさまざまなレベルの環境システムのなかで、直接的あるいは間接的に影響を受けながら、発達していきます。

どんな方法で「発達的変化」を調べるのだろう?

生涯にわたる人の変化を研究する発達心理学では、
さまざまな年代の人たちのデータを集める必要があります。
赤ちゃんの心を探る独自の実験方法も開発されています。

横断的方法と縦断的方法

「発達」を調べるには、さまざまな年代のデータを集めて、比較検討する必要があります。データ収集の方法として、大きく「横断的方法」と「縦断的方法」があります。

横断的方法は異なる年齢集団から一度にデータを集める方法で、研究にかかるコストが少なく、一度に多くのデータが集められるというメリットがあります。集めた年齢別のデータを並べて比較検討し、発達のおおまかな傾向を明らかにすることができます。しかし、同一人物の追跡調査ではないため、発達の連続性に欠け、発達のメカニズムや因果関係を明らかにするという点では不十分といえます。

一方、縦断的方法は、同一人物あるいは同一集団を長期間にわたり追跡して繰り返しデータ収集を行う方法です。特定の個人や集団の発達の経過をとらえることができ、発達の詳細なプロセ

スや因果関係を明らかにするという意味では、「縦断的方法」が優れています。しかし、研究にかかる時間的・経済的コストが大きく、また、参加者の実験への慣れ、あるいは引っ越しなどで参加できなくなるなどの問題が、デメリットとして挙げられます。

赤ちゃんの心はどうやって調べる?

発達心理学の研究対象には、当然ながら赤ちゃんも含まれます。言葉を話せない赤ちゃんの心を探る方法として、「視線」を利用した「選好注視法」や「馴化・脱馴化法」などが広く使われています（➡右下図）。1960年代頃にファンツ（Fantz）によって選好注視法が開発されて以降、赤ちゃんの心を探る研究は急速に発達し、赤ちゃんの高い知覚能力など、さまざまなことが明らかになりました。

また、最近は、脳活動を調べて、赤ちゃんの能力や感情を調べる研究も進んできています。

「発達の変化」を調べる研究方法

横断的方法

異なる年齢集団のデータを同時期に集めて比較検討し、年齢による特徴や差異を明らかにする方法。各年代の特徴を短期間で数多く集められるのがメリット。

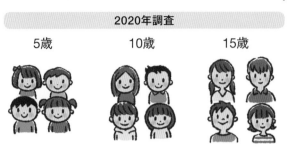

2020年調査

5歳　　10歳　　15歳

縦断的方法

特定の個人または集団を、長期間にわたり追跡調査して、年齢的変化による発達をとらえる方法。発達の連続的な変化を詳細にとらえたり、過去と現在の因果関係を明らかにしたりできる。

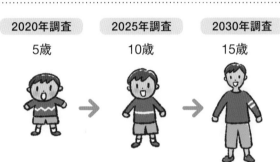

2020年調査　　2025年調査　　2030年調査

5歳　　10歳　　15歳

赤ちゃんの心を探るおもな実験方法

選好注視法

乳児は興味のある対象をより長く見る（注視する）性質を利用した方法。具体的には、複数の刺激（画像など）を見せて、より長く見つめたほうを乳児が好んだと解釈する（➡P42）。時間がかからず、比較的簡単にできるが、選好していないからといって、複数の刺激を区別していないことの証拠にはならないという限界がある。

馴化・脱馴化法

乳児は見慣れたものよりも、新奇なものをより長く見るという性質を利用した方法。たとえば乳児に刺激Aを繰り返し提示すると、最初は繰り返し見つめるが、そのうち飽きて反応を示さなくなる（馴化）。その後別の刺激Bを提示したときに、再び長く見つめれば（脱馴化）、2つの刺激を区別していると判断し、刺激Bに反応しなければ2つの刺激を区別できていないと判断する。注視時間ではなく、心拍数や反射運動を指標として使うこともある。

期待違反法

「ありうる事象」と「ありえない事象」を見せ、「ありえない事象」を長く見るかどうかによって、物事の理解を確認する方法（➡P72）。

発達心理学の知識は
さまざまな職業で求められている

どんな仕事も人との関わりなしに行うことはできません。
人の発達を学ぶ発達心理学の知識は、
多くの仕事で役立てられています。

発達心理学の知識は
さまざまな職業で生かされる

まず医療や福祉の現場、そして教育の現場が挙げられます。健常な発達についての知識がなければ、どんな症状が病気となるのかについても理解を深められず、適切なサポートや治療などの支援ができません。

子どもの発達そのものに関わる保育士や、小学校～高校の教師、大学の教員にも必須の知識です。スクールカウンセラーや臨床心理士など、心のケアや発達障害に関わる仕事でも不可欠でしょう。

また、発達心理学の知識は、家庭裁判所調査官や、児童相談所の職員などの更生の現場、キャリア形成の現場など、社会のさまざまな領域で役立っています。近年大きな社会問題となっている虐待や自殺、貧困などの重要な問題にアプローチをしていくうえでも、発達心理学の知見が生かされています。

人の発達の研究は、人が幸せに暮らせる社会を作っていくうえで、なくてはならないものとなっているのです。

公認心理師とは？

公認心理師は、2017年に施行された、日本ではじめての心理職の国家資格です。「発達心理学」をはじめ幅広い心理学の知識を持ち、保健医療、福祉、教育その他の分野において、心理学に関する専門知識と技術をもって、心理に関する支援を要する人を観察したり、当事者や関係者と相談するなどの調整をしたり、心の健康に関する知識を普及させるなどの行為を行います。

現代日本には、いじめ、不登校、虐待、DV、自殺などさまざまな問題がありますが、こうした問題への対応から、災害や事件の被災者・被害者のケアまで、公認心理師には、幅広い活躍が期待されています。

発達心理学を必要とする仕事

教育・保育

子どもに対し、それぞれの時期に適した目標設定をすることができたり、子どもの課題や問題を理解できたりする。

【おもな職業】
保育士／教員／学校心理士／スクールカウンセラー／スクールソーシャルワーカー／放課後児童支援員など

医療・福祉

「健常な発達」を知ることにより、適切なサポート、治療、支援に役立つ。

【おもな職業】
医師／看護師／精神保健福祉士／遺伝カウンセラー／介護福祉士／保健師／公認心理師など

心理臨床

発達障害児への対応や、子どもの心のケアのために不可欠。

【おもな職業】
スクールカウンセラー／子ども発達センターや児童発達支援センター等の職員／臨床心理士／臨床発達心理士など

キャリア形成

進路に悩む学生や、会社に適応できなくなってしまった人などに、的確にアドバイスをすることができる。

【おもな職業】
キャリアカウンセラー／産業カウンセラーなど

更生

個別のケースごとに適切な対応かを判断したり、法を犯してしまった人にどのように接し、どのように更生に導くかを考えたりするときに役立つ。

【おもな職業】
家庭裁判所調査官／児童相談所職員／児童自立支援専門員／少年鑑別所法務技官／法務教官／弁護士／警官など

ここに挙げたのは一例。たとえば教育現場で用いられる指導法やカリキュラムなどを検討する際や、大人のひきこもり問題など、ほかにもさまざまな領域での活用が期待できる。

よりよく生きるための「ウェルビーイング」

これまでの心理学は、ネガティブな面に焦点があたりがちでした。
しかし、近年は、「ウェルビーイング」という言葉もよく聞かれるようになり、
「幸福感」や「満足感」を追求するポジティブな心理学が注目を集めています。

ウェルビーイングとは?

「人生100年時代のウェルビーイングな生き方」「ウェルビーイングな働き方」など、近年ウェルビーイングという言葉がよく聞かれるようになりました。ウェルビーイング（Well-being）とは、身体的、精神的、社会的に良好な状態をいい、「幸福」あるいは「主観的幸福感」などと訳されることが多い言葉です。

近年はこのウェルビーイングに関する研究がトレンドになっており、心理学はもちろん、医学や経済学など、さまざまな分野で研究が進んでいます。

ウェルビーイングにはポジティブ感情が重要

心理学では、アメリカ心理学会の会長も歴任したセリグマンが、「PERMA」とよばれるウェルビーイングを構成する5つの要素を挙げています（➡下図）。5つの要素の中でも、筆頭に挙げられているのが「ポジティブ感情」で、私たちの人生の選択において、自分の気持ちを最大限に満足したものにすることをさします。

ウェルビーイングを構成する5つの要素「PERMA」

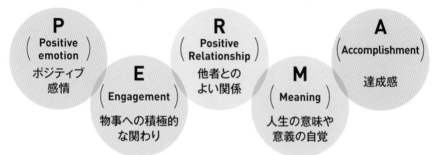

P
(Positive emotion)
ポジティブ感情

E
(Engagement)
物事への積極的な関わり

R
(Positive Relationship)
他者とのよい関係

M
(Meaning)
人生の意味や意義の自覚

A
(Accomplishment)
達成感

2章

胎児期・
乳児期の発達

・・・・・・・・・・・・・・・・・・・・・・・・・

「発達」は、赤ちゃんがおなかにいるときから始まっています。
ここでは、赤ちゃんが胎内にいるときから
出生後の1歳半頃までの乳児期の発達をくわしく見てみましょう。
この時期は、信頼とコミュニケーションの基礎を築く
大事な時期です。

心も身体も大きく発達する

出生前の約10か月を「胎児期（胎生期ともいう）」、出生直後から1歳半まで（医学上や児童福祉法などの法律上の区分では1歳まで）を「乳児期」とよびます。また、出生直後からの約1か月を、特に「新生児期」とよんで区別

したりします。

おなかの中の赤ちゃんは、出生時には体重約3kg、身長約50cmにまで成長します。そこから生後3か月頃までには体重が約2倍、1歳には出生時の約3倍にもなります。身長も1年で約25cm伸び、出生時の1.5倍になります。

出生後の約1年で、お座り、ハイハイ、歩行と、身体運動も大きく発達し

胎児期・乳児期の発達とキーワード

＊　　　　はピアジェの認知発達段階。

生後0か月	1か月	2か月	3か月	4か月	5か月	6か月

胎児期（胎内）	乳児期
	新生児期

感覚運動期

胎児の発達
➡P38、40

新生児微笑
➡P54

原始反射
➡P46

社会的微笑
➡P54

リーチング
（微細運動の発達）
➡P50

愛着形成
➡P58

て行動範囲が広がり、さらにおもちゃを手でつかんだり、自分でスプーンを使って食事をしたりするようになります。このように乳児期は、目に見えて成長を実感できる時期ですが、目に見えない「心」も大きく発達しています。

赤ちゃんはとっても有能

かつて、赤ちゃんについては、まっさらな無垢の状態で生まれてくる「タブラ・ラサ（白紙の意）」という考え方がありました。また、寝て、泣いて、ミルクをもらっているだけの受け身の存在であるという見方もありました。

しかし、研究方法の発達により、こうしたイメージがくつがえされ、近年は、「有能な赤ちゃん」の実態が次々と明らかにされています。赤ちゃんは生まれながらにしてさまざまな能力や個性を持っており、決して受け身ではなく、周囲に能動的に働きかける存在であることがわかってきたのです。

乳児期はまだ言葉でのコミュケーションが難しい時期ですが、特別な人と相互に関わり、コミュニケーションを楽しみながら、「愛着」を育む大切な時期です。

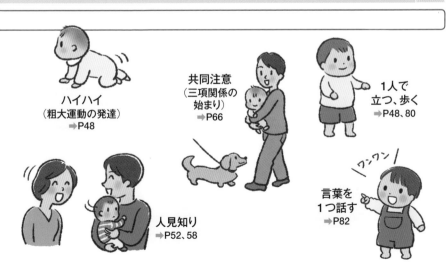

| 7か月 | 8か月 | 9か月 | 10か月 | 11か月 | 12か月 | 18か月 |

幼児期

ハイハイ
（粗大運動の発達）
➡P48

共同注意
（三項関係の始まり）
➡P66

1人で
立つ、歩く
➡P48、80

人見知り
➡P52、58

言葉を
1つ話す
➡P82

ワンワン

胎児はおなかの中で何をしているのだろう?

おなかの中で、赤ちゃんはどのような活動をしているのでしょうか。
超音波画像の進歩により、この数十年でくわしい発達過程が
次々と明らかになってきました。

出生前の発達は3段階に分けられる

人の一生は、母親のおなかの中にいるときから始まっています。そのおなかの中にいる時期を胎児期（胎生期）といい、さらに①細胞期、②胎芽期、③胎児期の3段階に分けられます。

「細胞期」は、受精によってできた受精卵が分裂を繰り返しながら子宮に着床するまでの時期で、受精後2週目までをいいます。「胎芽期」は、受精後8週目までの時期をいいます。脳や内臓、手足や目など身体の各器官の原型が作られる時期で、エコーにより心臓の心拍や拍動も確認できるようになります。

胎芽期が終わり、その後出生までの時期を「胎児期」とよびます。胎児期に入るころには手足がはっきりし、指も分かれて、まだ数センチの身長（頭殿長）ながら、おおよそ人らしい形になります。その後おなかの中でぐんぐん大きくなり、出生時までに約50cmにまで成長します。

出生後の「動き」や「呼吸」の練習をしている?

おなかの中の赤ちゃんは羊水に浮かんでいますが、ふわふわ浮かんでいるだけではなく、さまざまな「活動」をしています。

胎児期に入る妊娠3か月頃から、まず身体をビクッとするような動きや、「ジェネラルムーブメント」とよばれる、手足を含むなめらかで複雑な全身の動きが見られるようになります。その後さらに、しゃっくりをしたり、顔をさわったり、指しゃぶりをしたり、全身で伸びをしたりと、さまざまな運動をするようになります。

妊娠4か月頃からは、羊水を吸い込んだり飲み込んだりするようになります。羊水を口から吸い込み飲み込むことで、肺で呼吸をしたり母乳を飲んだりするなど、出生後に必要な動きを練習していると考えられています。なお、飲んだ羊水は尿として再び羊水に排出されます。

母親が胎動を感じる前から赤ちゃんは動いている

一般に母親が胎動を感じるのは早くて妊娠5か月頃ですが、それ以前に、胎児はおなかの中で、さまざまな身体運動をして、出生後の準備をしています。

妊娠8週頃

母親はまだ感じないが、胎児期に入った頃には最初の胎動が現れる。

このころから現れる動き
- ビクッとする動作
- ジェネラルムーブメント（四肢を含む身体の自発的な全身運動）

妊娠3、4か月頃

胎動のバリエーションが増え、小さい身体ながらもさまざまな動きをしている。

このころから現れる動き
- しゃっくり・あくび
- 独立した手足の動作
- 頭を後ろや左右に曲げる
- 顔に手を当てる
- 呼吸様運動（おなかや胸を膨らませる）
- 口を開いたり閉じたりする
- 指しゃぶり
- 背伸び
- 羊水を飲み、排尿する　など

妊娠5か月頃

胎児の身体も大きくなり、動きもダイナミックになってくる。羊水の中を自由に動き回り、子宮の壁を蹴ったりするようになる。母親が胎動を感じ始めるのはこのころ。

妊娠7〜10か月

動きはさらにダイナミックになり、妊娠7、8か月頃に胎動のピークを迎える。出産が近づく9、10か月頃には胎児の身体が大きくなるぶんダイナミックな動きは減るが、手足の力が強くなるので、胎動は強く感じやすい。

胎児の知覚

おなかの中の赤ちゃんは驚くほど感じる力を持っている

胎内で身体が大きくなるにつれて、
目や耳、口といった感覚器官も発達します。
生まれる前から五感でさまざまなことを感じ取っています。

「触覚」「嗅覚」「味覚」から発達する

五感とは、視覚、聴覚、嗅覚、触覚、味覚のことで、このような五感に関わる能力のことを「知覚」といいます。

知覚の中でも、触覚、嗅覚、味覚は妊娠16週頃には機能し始めています。なかでも触覚については、妊娠10週頃には鼻や唇への触覚反応が観察されるという報告があり、知覚の中でも最も早く発達するとされています。

聴覚については、妊娠20週頃までに基本構造が完成し、機能し始めます。

子宮の中では、母親の心臓の音や、血流の音など、絶えずいろいろな音が鳴っています。胎児は、妊娠6、7か月頃には音に反応するようになり、8か月頃には音声を聞き分けられるようになるといわれています。

他の知覚に比べ、視覚の発達はゆっくりです。胎内は暗いため、「見る」という機能がさほど重要視されないからだと考えられています。出生後、光にあふれた世界の中で、赤ちゃんの視覚は急速に発達していきます。

赤ちゃんはおなかの中で聞いた音を覚えている?

おなかの赤ちゃんには記憶があると証明した研究があります。

妊娠の最後の6週間にわたって母親が胎児にある文章「A」を1日2回読み聞かせたグループと、別の文章を読み聞かせたグループ、何も聞かせなかったグループがいます。それぞれの赤ちゃんの誕生後に「A」の文章を聞かせると、おなかの中で聞いていた赤ちゃんのグループは、他のグループと明らかに異なる反応を示しました。赤ちゃんの記憶能力は、胎児期から発達を始めていることが示唆されました。

ただし、言葉を獲得していないときの記憶は後では思い出せないという考え方もあり、研究が積み重ねられる必要があります。

胎児の知覚の発達

触覚

妊娠10週頃には鼻や唇などへの触覚反応が見られ、16週頃には全身の触覚反応が観察される。

胎児は妊娠3、4か月頃になると、自分の口をさわったり、指しゃぶりをしたりするようすが見られるが、これはこのころから触覚が機能し始めていることを示しているといえる。

嗅覚、味覚

妊娠16週頃までには機能し始める。また、胎児は羊水を通して、母親が食べたり飲んだりしたものに関するにおいや味を感じ取っているとされる。

昔の実験で、甘い成分を混ぜた羊水と苦い成分を混ぜた羊水を胎児に与えたところ、胎児は甘い羊水を好んで飲み、苦い羊水はあまり飲まなかったという。

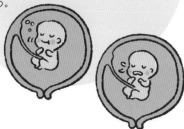

聴覚

妊娠20週までに内耳や中耳などの基本構造が完成し、このころから母親の心音や血流の音など胎内の音や、周囲の声なども聞こえるようになってくる。妊娠8か月頃には音の聞き分けもできていると考えられている。

妊娠8か月頃にはさらに音に敏感になり、音に反応してビクッと動くことも。

視覚

妊娠25週頃になって器官が完成するが、胎内は暗いため、「見る」という機能が実際に発揮されるのは出生後になる。外部の光には反応を示す。

妊娠26週の胎児に腹壁を通じて光を当てると、心拍数が変化するなど反応が見られることから、視覚系も弱いながらも徐々に機能し始めていることがわかる。

気になるものはじっと見つめる。赤ちゃんは人の顔が好き！

他の知覚に比べると、発達の遅い視覚ですが、
そのぶん出生後には急速に発達します。
赤ちゃんは人の顔を好んで見ることが明らかにされています。

新生児は視力は弱いが抱っこしている人の顔は見える

生まれたばかりの新生児の視力は0.01〜0.02程度といわれています。ピントを調節する能力はなく、目の前の20〜30cmぐらいの距離にしかピントは合いません。ほとんどのものはまだぼんやりとしか見えていない状態です。

とはいえこの20〜30cmという距離は、抱っこされた赤ちゃんの目から養育者の目までとほぼ同じ距離でもあります。赤ちゃんの脳はまだ未発達なので、目から得る情報が必要最小限になっているからとも考えられています。

視力は、3〜5歳で成人なみになるとされています。

動くものを目で追う「追視」はどれくらいできる？

生後2日の赤ちゃんでも、動くものを目で追うこと（追視）はできます。しかし、視線の移動はまだゆっくりで、すぐに対象を見失ってしまいます。

生後2、3か月くらいになると、視線の移動がスムーズになってきて、かなり早い追視もできるようになります。

赤ちゃんは人間の顔が好き？

赤ちゃんがどんな図形を好むかを調べた有名な実験があります。これは選好注視法（➡P30）を考案したファンツが行ったもので、生後数か月の乳児に、人の顔と模様を見せると、人の顔を見る時間のほうが長いという結果になりました（➡右上図）。

このことから、赤ちゃんは生まれつき人の顔に対する好みがあると考えられています。

赤ちゃんは人の顔が好き！

実験

赤ちゃんは好きなものや興味のあるものほどじっと見つめる傾向がある。ファンツは、乳児のこの性質を利用した実験法（選好注視法）で、乳児がどんな図形を好むかを調べた。

結果

右のグラフの通り、生後数か月の乳児は、人の顔の図形パターンを最も好んで見た。つまり人の顔を好むことが明らかにされた。

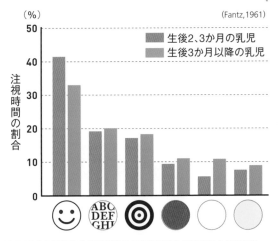

(Fantz,1961)

- 生後2、3か月の乳児
- 生後3か月以降の乳児

（縦軸）注視時間の割合（％）

胎児も人の顔が好き？

　上の実験が示すとおり、乳児は「人の顔」を好む傾向がありますが、2017年に発表されたリードら（Reid et al.,2017）の研究によると、驚くことに赤ちゃんはおなかの中にいるときから、「人の顔」を好む傾向があることが示されました。

実験

1 妊娠後期の母親のおなかに高精度超音波をあてて胎児の顔の向きを確認する。
2 胎児の視覚に入る位置に、2つの目と口を表した3点の光刺激を照射する（➡右図）
3 3点の光刺激を動かして、胎児がその光刺激を追うかどうかを調べる。

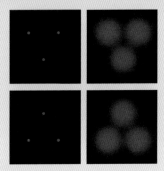

実験に使われた刺激。
上の2枚は、顔のような逆三角形の光刺激。
下の2枚は、顔には見えないふつうの三角形。

結果

　リードらの実験の結果、胎児は顔様の刺激である逆三角形の刺激により多く顔を向けることがわかりました。この実験により、顔の選好は乳児に限定されず、胎児のころからそのような傾向があることが示唆されました。また、胎児が光に反応することも、改めて確認されました。

(Reid,V.M., Dunn,K., Young,R.J., Amu,J., Donovan,T., & Reissland,N.(2017). The Human Fetus Preferentially Engages with Face-like Visual stimuli. Current Biology, 27(12), 1825-1828. より画像を引用)

新生児のころから
母親の声やにおいには敏感

視覚以外の知覚は、胎内でかなり発達が進んでいますが、
出生後は新たな環境に合わせた知覚能力を発達させていきます。
また、赤ちゃんには音やにおい、味の好みがあるようです。

生まれてすぐに母親の声を聞き分けることができる

赤ちゃんは、胎内にいるときからすでに音を聞き分けていると考えられています。そのため、出生間もない赤ちゃんも、音に対してさまざまな反応を見せます。

音のする方向に顔を向けたり、まばたきの回数や心拍数が変化したり、おしゃぶりをくわえているときには、音を熱心に聞いているときほどたくさん吸いついたりします。

また、赤ちゃんは人の声に強い関心を示します。特に男性の低い声よりも女性の高い声、さらには他の女性よりも母親の声に強く反応することがわかっています。これは、羊水の中で母親の話し方やリズムなどに親しんでいるからだといわれています。

父親の声は、生後すぐに聞き分けることは難しいようです。しかし、しだいに聞き分けられるようになっていきます。

生まれながらにして高い嗅覚を持っている

嗅覚も出生時には大人と同じくらいの能力があると考えられています。新生児でも、腐ったにおいには顔をしかめるなど「嫌悪」の表情を示し、バニラやチョコレートのにおいには「快」の表情を示すことが明らかにされています。

また、生まれたばかりの赤ちゃんは、母親の母乳のにおいをかぎ分けることができるといいます。生後6日目の新生児のかたわらに、母親か他の母親の母乳パッド（母乳がついていてもいなくても）を置いておくと、赤ちゃんは母親の母乳パッドのほうにより長い時間顔を向けることが実験で示されています。

「感覚をまとめる」という能力

これまで各感覚について個別に見てきましたが、これらの感覚はいつも

別々に作用しているわけではありません。視覚と聴覚、あるいは視覚と触覚など、複数の感覚の情報をまとめて認知することもあります。このように複数の器官や働きが、互いに作用しながら働くことを「協応」といい、特に感覚器間同士の協応を「感覚間の協応」といいます。

赤ちゃんは、早い段階から、この「感覚間の協応」ができるようです。

メルツォフら（Meltzoff & Borton, 1979）は、おしゃぶりを使った、ユニークな実験でこのことを調べました（➡下図）。

自分のおしゃぶりはどっち？

(Meltzoff & Borton, 1979)

実験

1 突起物のある「イボイボおしゃぶり」と、突起物のない「ふつうのおしゃぶり」のいずれかを、生後1か月前後の赤ちゃんに見えないようにしてくわえさせる。

2 その後、2個のおしゃぶりの模型を赤ちゃんに見せる。

結果

赤ちゃんは、自分がくわえていたおしゃぶりのほうをより長く見た。

赤ちゃんは、口の中で得た感触（触覚情報）と、提示された視覚情報を結びつけることができた。つまり、「触覚と視覚の協応」ができているといえる。

赤ちゃんは甘味が好きで酸味と苦味は苦手。では塩味は？

味覚も比較的早くから発達しています。赤ちゃんにも味の好みがあり、多くの赤ちゃんは甘い味を好み、すっぱいものや苦いものは苦手のようです。

では塩味はどうでしょうか。一般に乳児期や幼児期には塩分の濃い食べ物は推奨されませんが、実は赤ちゃん自身は最初は塩味に対しては好き嫌いがあまりないといわれています。そのため与えれば塩辛いものも嫌がらずに食べてしまいます。

しかし、乳幼児期に慣れ親しんだ味は、その後の味の好みの基礎となり、後から好みを修正するのが難しくなります。乳幼児期に薄味の食事が推奨されているのは、この時期に濃い塩味に慣れてしまわないようにするためでもあります。

生後数か月で見られなくなる
赤ちゃん特有の行動「原始反射」

生後間もない赤ちゃんの小さな手のひらに触れると、
ギュッと力強く握り返してくれます。
これは反射的に起こる赤ちゃん特有の行動です。

赤ちゃんは原始反射を持って生まれてくる

人の「行動」は2種類に分けることができます。①「○○したいからこうする」というように思考（認知）に基づく行動と、②反射に基づく（自動的に身体が動く）行動です。生まれたばかりの赤ちゃんは、その行動のほとんどが②の反射によるものです。

出生後すぐの新生児期に見られる反射運動は「原始反射」とよばれます。原始反射には多くの種類がありますが、代表的なものに吸啜反射、モロー反射などがあります（➡右図）。

原始反射は数か月で消失する

原始反射は脳幹・脊髄の中枢神経によるものといわれ、種類にもよりますが、通常、数か月で消失します。

大脳皮質が発達するのにともなって、赤ちゃんは徐々に自ら考えて身体を動かすようになっていきます（随意運動という）。これは、発達における「喪失」（➡P14）がすでにこの時期から起こっていることの表れでもあります。

原始反射は何のため?

赤ちゃんは、唇に触れたものをなんでも吸おうとします。これも原始反射のひとつで、吸啜反射とよばれています。赤ちゃんが生まれてすぐに母乳や哺乳瓶のミルクを飲むことができるのは、この反射のおかげです。

しかし、この後長い人生を生きていくためには、唇に触れるものに吸いつくだけではなく、「飲む」「食べる」という動作も当然必要です。ほかにもさまざまな動作を学習していく必要があります。

原始反射を持って誕生した赤ちゃんですが、その能力はやがて消失し、感覚と運動を協応（➡P50）させて対象に関わることができるようになっていきます。

おもな原始反射

● 吸啜反射
きゅうてつ

唇に触れたものを強く吸おうとする反応。赤ちゃんの唇に乳首をあてると、口を大きく開けて吸いつく。

● 把握反射
は あく

手のひらに刺激を与えるとしっかり握りしめようとする。

● モロー反射

「抱きつき反射」ともいわれる。大きな音やまぶしい光、振動などの強い刺激を受けたときに、さっと両手を伸ばして広げ、しがみつくような姿勢をとる。

● 歩行反射

赤ちゃんの脇の下を支えて立つような姿勢にさせ、両足を床につけると歩くように両足を交互に動かす。

● 緊張性頸反射
けい

仰向けに寝ている赤ちゃんの顔を左右どちらかに向けると、顔を向けたほうの手足を伸ばし、反対側の腕と足は固定させてフェンシングに似たポーズをとる。

● バビンスキー反射

足の裏を、かかとから爪先に向かってゆっくりとこすると、親指が甲のほうにそりかえり、他の4本の指は扇のように開く。

原始反射は「発達」の診断基準にもなる

　原始反射は、新生児期またはその後の乳児期初期という特定の期間（種類によるが、生後数か月くらいまでが多い）に、どの赤ちゃんにも共通して見られることから、発達が順調に進んでいるかどうかの診断基準としても用いられています。

　生後3～4か月頃までに原始反射が全く見られない、または反応が弱いという場合、神経系の異常の可能性が考えられます。また、原始反射が消失しないという場合も、なんらかの異常の可能性があります。専門家への相談が必要です。

お座り、ハイハイ……。
全身運動の発達はどう進む?

運動能力の発達は、どの国に生まれた赤ちゃんも
だいたい同じような段階を経て進んでいきます。
無秩序に進むのではなく、一定の順序や方向性があります。

全身運動の発達には一定の法則がある

運動能力に関しては、おもに次のような法則があります。

❶ 頭部から手足へ

生まれたばかりのころの赤ちゃんは、筋肉が未発達で身体もフニャフニャです。やがて頭をまっすぐに保てるようになると首がすわり、その後、腰や足が発達し、ハイハイやつかまり立ち、そして歩けるようになっていきます。

❷ 中心から末端へ

胴体から肩、腕、手、指先へと順に発達していきます。

❸ 粗大運動から微細運動へ

粗大運動とは、歩いたり座ったりするなど身体全体のバランスを必要とする大きな運動のことで、微細運動とは、ものをつかんだり、スプーンや箸を使って食事をしたり、ボタンを留めたりするような、手や指を使った細かい運動のことです。先に粗大運動が可能になり、やや遅れて手指を使う細かい運動が可能になります。

発達は連続的に進むが、個人差があることも特徴

前述の3つの法則のほか、④段階的に連続して進んでいく、⑤個人差がある、というのも発達の法則といえます。

生まれてすぐに立ったり歩いたりする子がいないように、発達は急激に何段もステップを飛ばして進んでいくのではなく、ある程度段階を経て発達していきます。ただし、ほとんどハイハイをしないでつかまり立ちをしたり歩き出したりするケースもあります。

また、それぞれの行動が現れるタイミングはかなり個人差があります。発達は、遺伝的な要因や環境なども深く関わりながら進んでいくもので、個人による差があるのが当然です。平均より遅いからといって、必要以上に気をもむ必要はありません。

全身運動の発達の目安

発達には個人差があり、下記の時期はあくまで目安です。

0か月
丸まった胎児の姿勢。

1か月頃
頭をまっすぐに保てる。

2か月頃
肩を持ち上げる。

4か月頃
首がすわる。
支えると座る。

8か月頃
ハイハイができる。

7か月頃
ひとりでお座りができる。

6か月頃
寝返りができる。

9か月頃
つかまり立ちができる。

12か月頃
支えなしで立ったり、伝い歩きをしたり、前に倒れこむように数歩歩いたりする。

1歳半頃
スタスタ歩く。

3歳頃
立つ・走るなどの基本動作がある程度完成する。

2歳頃
その場でジャンプができる。

手先の発達で「もの」への関わりが変化する

生後間もない赤ちゃんはこぶしをギュッと握っています。
生後2か月ぐらいになり指を開き始めると、
今度は自分の手を「道具」として使うようになります。

「見たものに手を伸ばす」はけっこう難しい

生後間もない赤ちゃんは、原始反射で、手に触れたものはなんでも握ってしまいますが、やがて、自分の意思で目の前のつかみたいものに手を伸ばすようになっていきます。

この「目で見たものに手を伸ばす(リーチングという)」という行為は、意外と複雑なしくみで成り立っています。対象物と手の距離を理解し、手の伸ばし方やつかみ方をコントロールする必要があるからです。最初のころは空振りの多い赤ちゃんですが、だんだんと視覚情報に基づいて手の動きを調整できるようになります。5か月頃には、ねらいを定めて目の前のものを取ることもできるようになってきます。

目と手の協応で、さまざまな動作を覚える

リーチングに見られるように、目で見た視覚情報と、手の動きが互いに作用しながら働くことを、「目と手の協応」といいます。赤ちゃんは、「目と手の協応」作業を繰り返すことで、力加減や距離感などを覚えていきます。手指は複雑な動きができるぶん、スムーズに使えるようになるまで時間がかかりますが、遊びや食事などを通して、「ものの扱い方」や「基本動作」を学んでいくのです。

五感と運動で世界を知る

手先を使えるようになってくると、つかんだもの(自分の手や足も!)をなめたりくわえたり、さらに振ったり投げたりして、その対象物がどんなものかを確かめていきます。まだ言葉を知らない赤ちゃんは、五感と運動をフルに使って「もの」と関わり、世界を知っていきます。

なお、粗大運動と微細運動の発達は、一方で誤飲などの危険な場面を増やすものでもあります。十分な安全対策が必要です。

手指の発達で見る「もの」との関わり方

0～2か月頃

原始反射でギュッと握っていることが多く、自分の意思でつかむことはできない。

2～3か月頃

持たせてあげれば、ガラガラなどのおもちゃを握れる。

3月か頃～

見たものに自分の意思で手を伸ばすようになる（「目との手の協応」の始まり）。

7～9か月頃

ハイハイなどで自力移動できるようになると、さらにいろいろなものに手を伸ばし、確かめるようになる。「イタズラ」が増えるのもこのころ。

4～6か月頃

目の前のものに手を伸ばし、つかめるようになる。取ったものは口に持っていき、なめて確かめることが多くなる。

10～12か月頃

親指と人さし指の2本で細かいものをつまめるようになる。指さしができるようになるのもこのころ。

12～18か月頃

指先の使い方が上手になり、積み木を積んだり、なぐり書きをしたりできるようになる。食事のときにスプーンを使うなど、道具を使い始める。

泣いてアピールすることが 赤ちゃんのコミュニケーション

生まれたばかりの3kgほどしかない小さな赤ちゃんでも、
驚くほど大きな声をふりしぼって泣きます。
赤ちゃんは泣くことでさまざまなことを伝えています。

「泣く」という行為で 自ら環境に働きかけている

赤ちゃんが懸命に泣き声を立てていると、多くの人がじっとしていられず、「おなかがすいたのかな?」「ウンチかもしれないね」などと飛んでいって、ミルクを飲ませたり、おむつを変えたりするはずです。

赤ちゃんは、おなかがすいたり、機嫌が悪かったりすると、応答的に「泣く」という行動をとります。その泣くという合図に周囲が応えるということが繰り返されるうちに、「泣くと欲求を満たしてくれる」というイメージが赤ちゃんの頭の中にだんだんとできあがっていきます。

赤ちゃんは泣くという行為を通じて自ら環境に働きかけているのです。そして、「だれかが反応してくれる」ということとつながってくると、自身が環境に変化を起こすことがわかるようになり、喜びや有能感を得ることができると考えられています。このような、

人間が環境と効果的に交渉しようとする力のことを、コンピテンスとよんだりしています。

成長とともに感情が豊かになり 泣き方も変化していく

新生児の赤ちゃんが泣くのは、空腹や眠気、おむつのぬれなど、生理的な不快を取り除いてほしいからですが、感情の発達とともに、泣く理由もバリエーションが出てきます。

生後6か月頃までには、喜び、悲しみ、嫌悪、驚き、怒りや恐れなどの基本的な感情が芽生え、笑った顔や怒った顔、驚いた顔など、表情も豊かになっていきます。こうした感情の発達にともない、「悲しみの泣き」「怒りの泣き」など、赤ちゃんの「泣き」も、さまざまなパターンが見られるようになります。

人見知りは 親にとっては喜ぶべきこと

生後6か月頃になると、いつも応答

してくれる親とそうでない人を見分ける力もついてきて、見知らぬ人に見つめられるだけで泣き出したりする、いわゆる「人見知り」が始まります。

それまで笑顔をふりまいていた赤ちゃんが人見知りするようになると、親としてはとまどうこともありますが、逆にいうと、それだけ特別な人への愛情が根づいてきたことの表れです。ですから人見知りは、親にとっては喜ぶべきことです。それは、親が赤ちゃんに一生懸命、応答してきたことによる

信頼関係が成立してきたことを意味しているのです。

月齢が進むと、生理的に不快なときだけでなく、怒りや悲しみ、甘えなど、泣いて感情を伝えるようになる。

赤ちゃんとの「応答的な関わり」で信頼関係を築く

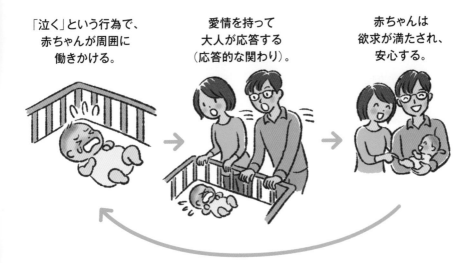

「泣く」という行為で、赤ちゃんが周囲に働きかける。

愛情を持って大人が応答する（応答的な関わり）。

赤ちゃんは欲求が満たされ、安心する。

養育者の愛情ある「応答的な関わり」によって、赤ちゃんは養育者から関心を向けてもらっているという満足感や安心感を得る。こうした関わりを繰り返していくうちに、特別な人への信頼、つまり「愛着（➡P62）」へとつながっていく。

赤ちゃんの「笑顔」は どのように発達するのだろう

人間関係において「笑顔」はとても大切なものですが、
人はいつごろから笑顔を見せるようになるのでしょうか。
実は成長に応じて、赤ちゃんの「笑顔」は変化するのです。

新生児が見せる笑顔は本当の笑顔ではない?

赤ちゃんは、生まれて数週間のうちから、笑ったような表情を見せることがあります。空腹が満たされて落ち着いたときや、心地よく眠りについたときなどに、口の端を上げてほほえんでいるような表情を見せます。

ですが、これは本当の意味での「笑顔」ではありません。この時期のほほえみは、生理的な欲求が満たされて満足したときに反射的に現れるものとされ、「新生児微笑（生理的微笑）」とよばれています。

新生児の育児は、養育者にとって負担や不安が大きいものですが、赤ちゃんの笑顔を見ると、それが本当の意味での笑顔ではないとしても、疲れが吹き飛ぶとか、嬉しさがこみ上げる、と感じる人が多いようです。

新生児の赤ちゃんは反射的に笑っているだけですが、その笑顔は養育者に赤ちゃんをいっそうかわいいと感じさせ、「世話をしてあげたい」という気持ちをうながしていると考えられています。赤ちゃんの笑顔に、養育者は思わず満面の笑みを返してしまうでしょう。その養育者の笑顔に答えて赤ちゃんはもっと笑うようになっていきます。赤ちゃんの反射的なほほえみが知らず知らずのうちに相互作用を生み出しているのは興味深いことです。

反射的な笑顔から相手と関わるための笑顔へ

3か月頃になると、あやしてくれる親など、見慣れた人に対してニコッと笑うようになっていきます。他者と関わるための自発的な笑顔が見られるようになるのです。このようなほほえみは「社会的微笑」とよばれます。

その後、4か月を過ぎるころには大きな口を開けてクックッと声に出して笑うようになるなど、親にとっては赤ちゃんが心地よいとわかるサインを出してくれるようになり、どんどん愛らしい存在になっていきます。

笑顔の発達

新生児期

新生児微笑（生理的微笑）

周囲の働きかけなど外的な刺激とは関係なく、ほほえむ。生後2か月ほどで見られなくなる。

生後2、3か月頃～

社会的微笑

養育者など周囲の親しい人の声や顔に向けてほほえむようになる。また、見知らぬ人でも、ほほえみかけられると、笑顔を見せるようになる。

生後4か月頃～

声を出して笑う

生後4か月くらいになると、喉が成長し、声を出して笑うようになる。「バー」「アブー」など何かを伝えるような音声（喃語）を出すようになるのもこのころ。

生後6か月頃～1、2歳頃

慣れていない人には笑わなくなる

人見知りが始まると養育者など親しい人にはほほえむが、慣れていない人の前では顔をそむけたり、顔をこわばらせたりする。

生まれたばかりの赤ちゃんが人の表情をまねする？

実験者が、生まれて間もない新生児に向かって舌を出したり、口を開けたりすると、赤ちゃんも同様の行動を示すといい、この現象は「新生児模倣」とよばれています（Meltzoff & Moore, 1977）。赤ちゃんは生まれながらにして、他人の顔の動きと自分の顔の動きを対応させるという能力を備えているようです。

赤ちゃんにはそれぞれ
生まれつきの個性がある

生後間もない赤ちゃんでも、おとなしい子や活発な子など
生まれ持った個性があります。このことは
30年にわたる大規模な気質研究でも明らかにされています。

乳児の気質は
3つのタイプに分けられる

アメリカの精神科医トマスとチェス（Thomas & Chess）は、ニューヨーク近郊に住む乳児140名以上を対象に、1950年代から30年以上にわたって、気質の研究を行いました。

トマスらは、乳児の親と面接を行い、さらに成長していく子どもの行動観察を定期的に行いました。そして9つの行動特性を見いだし、それを詳細に分析して、①扱いやすい子ども、②扱いにくい子ども、③慣れるのに時間がかかる子ども、の3タイプに分類しました（➡右図）。

育て方の違いではなく、
生まれながらの「気質」がある

この研究では、「扱いにくい子ども」の親と、他の親の子どもへの養育態度に違いは見られませんでした。つまり親の養育態度は関係ないことが示されたのです。

このことから、気質は生得的なもの（生まれつきのもの）であると考えられるようになりました。これは、赤ちゃんは白紙の状態で生まれてくるのであり、育て方（特に母親の養育態度）で、子どもの性格や個性ができるのだとする当時の考え方に、一石を投じるものとなりました。

「扱いにくい子ども」は
育て方のせいばかりではない

「扱いにくい子ども」の親は、ストレスや育児不安などを感じやすいといわれていますが、養育者自身も不安やストレスがもともと高い場合に、子どもの気質と関連し合って、養育者も赤ちゃんもストレスが高い悪循環に陥ってしまう可能性が高くなります。

ですから、親の子育てについての一方的な思い込みで子どもと関わるのではなく、目の前の子どもの特徴を理解してやり、気質を考慮に入れて、その子の求めていることに応答するという関わりが求められます。

9つの行動特性と3つの気質のタイプ

●9つの行動特性

1 活動水準
身体運動の活発さの度合い。

2 近接／回避
新しい刺激に対して積極的か消極的か。

3 周期性
睡眠や排泄などの身体機能の規則正しさ。

4 順応性
環境変化に対する慣れやすさ。

5 反応閾値（いきち）
反応の強さ。敏感さ。

6 反応の強度
笑う・泣くなどの反応の現れ方の激しさ。

7 気分の質
親和的行動・非親和的行動の頻度。

8 気の散りやすさ
外的な刺激による気の散りやすさ。

9 注意の範囲と持続性
特定の行動に携わる時間の長さ。

●3つのタイプ

1 扱いやすい子ども 40%
- 睡眠や排泄、空腹の時間が規則的。
- 機嫌がよい時間が長い。
- 環境の変化に柔軟に適応する。

養育者の育児に対する効力感（自信）が大きい。

2 扱いにくい子ども 10%
- 睡眠や排泄、空腹の時間が不規則。
- 不機嫌になりやすい。
- 変化に慣れにくい。
- 激しく泣いたりぐずったりする。

養育者が育児に苦労することが多い。

3 慣れるのに時間のかかる子ども 15%
- 違った環境だと慣れにくい。
- 行動を開始するのがゆっくり。
- 活動水準が低い。

35%
その他

愛着の形成には
応答的な関わりが必要

特別な人との間に結ばれる情緒的な絆を「愛着」といいます。
「愛着理論」はボウルビィによって構築されましたが、
それまでにもさまざまな研究がありました。

人見知りは愛着関係にある人とない人を区別できている証拠

生後6か月頃になると、人見知りが始まることがありますが、それは親子の間に情緒的な絆、つまり「愛着」が形成されてきた証です。親に愛着を感じているからこそ、愛着関係を築いていない他の人と区別して、親以外の人には人見知りをするようになります。

親子間の愛着については、現在でもさかんに研究が行われていますが、その基礎となったのは、ボウルビィ（Bowlby）の研究です。ボウルビィは、愛着の形成について、「応答的な関わり」が重要であるとしましたが、この理論が導かれるまでには、さまざまな研究がなされていました。

二次的動因説とは

ボウルビィの愛着理論以前に、親子間の親密な絆について、二次的動因説とよばれる考え方がありました。おな

かがすいた、喉が渇いたなどの赤ちゃんの生理的欲求（一次的動因）に対して、親は授乳のために接近し、満たしてあげようとします。これを繰り返すうちに、生理的欲求だけでなく、常に随伴する親の存在に愛情欲求（二次的動因）が生じ、要求が充足されることを学習するというものです。

ミルクだけでなくスキンシップや安心感が必要

しかし、この二次的動因説は、アカゲザルを使ったハーロー（Harlow）の実験（➡右上図）により、見直されることとなりました。ハーローは、人間以外の哺乳動物においても食べ物といった報酬がともなわなくても愛着行動が形成される事実があることを見いだし、また愛着形成には、柔らかさなどの心地よさの要因が必要なのではという考えを導き出しました。

こうして親子の情緒的な結びつきの形成には、両者の身体接触、つまりスキンシップやぬくもりが大事であると

考えられるようになりました。

そしてこのハーローの実験から、お

よそ10年後の1969年にボウルビィの愛着理論が提唱されます。

二次的動因説を見直すきっかけとなった「代理母実験」

(Harlow,1958)

実験

1 アカゲザルの子どもを親から引き離し、針金製の代理母（哺乳瓶付き）に育てられるグループと、布製の代理母（哺乳瓶付き）に育てられるグループとに分けて飼育する。

2 その後、両方の代理母が同室に存在する設定にして子ザルの行動を観察する。

針金製の代理母

布製の代理母

結果

どちらの母親からミルクを飲んだかどうかにかかわらず、子ザルたちは大半の時間を柔らかな布製の母親の近くで過ごした。また、見慣れないぬいぐるみなどの恐怖刺激を与えると、布製の母親にしがみついた。

二次的動因説が正しければ、子ザルは自身が育てられた（ミルクを飲むことができた）針金製の代理母か布製の代理母に密着するはずであるので、この説は否定された。

親子の愛着に対する考え方の変化

かつての考え方（二次的動因説）

生理的欲求を満たすために親との近接を繰り返していくうちに、二次的に親との間に特別な絆ができるという考え方。

現在の考え方

栄養を与えてもらうだけでなく、泣いたら来てくれる、笑ったら笑い返してくれるなど、応答的な関わりをしてくれる安心感のある相手と愛着を形成する。

赤ちゃんのシグナルに応答することが大事

ボウルビィは、赤ちゃんが出すシグナルを養育者が受け取り、応答していくプロセスのなかで、愛着は形成されていくと考えました。

赤ちゃんは、人と愛着を築くために泣く、ほほえむ、後追いするなど、さまざまな行動をとります。これを愛着行動といいます（➡下図）。赤ちゃんのこうしたサインを養育者がしっかり受け止め、応答することで、赤ちゃんと養育者の間に愛着が形成されていきます。

親との情緒的な絆で信頼感や自己肯定感を得る

ひとりでは生きていけない赤ちゃんにとって、養育者の存在は非常に大きなものです。泣いていると、優しく抱き上げて要求を満たしてくれる。このような体験を重ねることで、赤ちゃんは「自分が求めることは叶えてもらえる」と感じ、養育者や世界に対する信頼感や、自分は大切にされる存在であるという自己肯定感を得ていきます。

この感覚を得ることは、乳児期の心の発達における最も重要な課題であるとされています。

赤ちゃんのさまざまな愛着行動

「信号行動」「定位行動」「接近行動」を合わせて「愛着行動」とよびます。

信号行動
- 泣く、ほほえむ
- 手足をバタバタさせる
- 意味のない音声（喃語）を発する

定位行動
- 動くものを目で追う行動（注視行動）
- 声を聞こうとする行動

接近行動
- しがみつき
- 後追い

言葉を話せない赤ちゃんに対しても、親は「どうしたの？」「楽しいね」「次は何をしようか？」などと「会話」をしたり、応答的な関わりを続けたりすることで愛着が形成されていく。

愛着の形成は
4つの段階を経て発達する

　ボウルビィによると、愛着の形成には発達段階があり、下図のように4つの段階があるといいます。

　赤ちゃんは親などの特別な対象に対して愛着を形成すると、その愛着対象の近くで外の世界を探索するようになり、しだいに愛着対象が安全基地として利用できるようになっていきます。これが深まると、愛着対象が必ずしも自分の近くにいなくても安心できるようになります。

　乳児期から幼児期にかけての愛着関係は、その後の児童期から青年期にわたる友人関係や恋愛関係など他者と親密な関係を結ぶときの基礎となるものであり、また生涯にわたって心の発達を支えるものと考えられています。

愛着の発達過程

第1段階

前愛着期
（誕生〜2、3か月頃）

無差別的に愛着行動を起こす段階。周囲のすべての人に対し、目で追う、にっこりする、手を伸ばすといった行動をとるなど、だれに対しても同じような働きかけや反応を示す。

第2段階

愛着形成期
（2、3か月頃〜
6か月頃）

母親や父親といった身近な養育者に対して愛着行動が見られ、愛着を形成し始める。愛着対象者とそれ以外の人とを区別するようになり、前者により多くほほえんだり、手を伸ばしたりするなど、積極的に働きかけるようになる。

第3段階

明確な愛着期
（6か月頃〜2、3歳）

愛着対象者とそれ以外の人とを明確に区別するようになる。身体能力や認知能力の発達にともない、愛着対象者への接近行動が活発になる一方で、見知らぬ人からの働きかけには応じず、人見知りが多くなる。愛着対象者を「安全基地」として探索行動をするようになる（➡P80）。

第4段階

目標修正的
協調関係期
（3歳頃以降）

愛着行動や探索行動を繰り返すなかで、愛着対象者と物理的に離れても、必ず戻ってきてくれるという、いざとなったら助けてくれる、という確信が持てるようになる。そして心の中にできた愛着対象者との絆により、安心して過ごせるようになる。また、愛着対象者は自分とは分離している存在であることを認識し、愛着対象者の目的や行動、感情をある程度推測して、自分の行動を調節できるようになる。

愛着のタイプには個人差がある

愛着の質には個人差があります。エインズワースは、
「ストレンジ・シチュエーション法」という
観察方法を用いて愛着の質のタイプを分類しました。

ストレンジ・シチュエーション法

観察者

親

子ども

ストレンジャー
（見知らぬ人）

1 観察者が親子を実験室に案内する。

2 観察者は退出し、親はいすに座る。子どもにおもちゃを示し、自由に探索をさせる。

3 ストレンジャー（見知らぬ人）が入り、いすに座る。

4 親が退出（1回目の分離）。ストレンジャーが子どもに働きかける。

5 親が再び入室（1回目の再開）。ストレンジャーは退出。

6 親が再び退出し、子どもは一人で残される（2回目の分離）。

7 ストレンジャーが入室し、子どもに働きかける。

8 親が再び入室（2回目の再会）。ストレンジャーは退出する。

愛着の個人差を測る実験と、4つの愛着のタイプ

エインズワース（Ainsworth）が行った「ストレンジ・シチュエーション法」は、左図のように8つの場面を作り、子どもが親と離れる場面と再会する場面での近接や抵抗のようすを観察するというものです。この観察を通して、愛着のタイプが当初は3つに分類されていました。

その後、メインとソロモン（Main & Solomon,1990）は、タイプ分けに疑問が残るとされていた子どものビデオテープを詳細に再検討し、Dタイプ「無秩序・無方向型」を組み入れることを提唱しました。Dタイプの顕著な特徴は、突然のすくみ、顔をそむけた状態での親への近接など、全体的に秩序立っていないところです。Dタイプの親子は、虐待などの養育態度の影響が見られることが報告されています。

愛着の4つのタイプとそれぞれの親の傾向

A 回避型

●子どものようす
親が退出しても後追いせず、親がいなくても気にせず探索行動をする。再会しても喜びを表さない。

●親の傾向
子どもへの関わり方が統制的で、子どもの働きかけに対して拒否的な振る舞いが多い。

B 安定型

●子どものようす
親と一緒のときは安心して探索行動をする。親が退出すると泣くが、再会場面では親を歓迎してすぐに落ち着く。

●親の傾向
情緒的な応答性が高く、子どもの欲求や状態の変化に敏感で、子どもと相互作用が調和的であることが多い。

C アンビバレント型

●子どものようす
強い不安があり親のそばを離れず探索行動をしない。親の分離に激しく抵抗し、再会では怒りを表して機嫌がなかなか回復しない。

●親の傾向
子どもへの対応に一貫性がなく、子どものシグナルへの応答性が低いことが多い。

D 無秩序・無方向型

●子どものようす
ABCどのタイプにも分類できないタイプ。再会場面で後ずさったり、おびえたり、突然すくんだりする。

●親の傾向
精神的に不安定で、子どもにとって理解できない行動を突然とったりして、恐怖感をもたらすことが多い。

愛着の環境と柔軟性

適切な養育を行っていれば
愛着の対象になる

人間の発達には他者が不可欠です。
特定の人でなければ愛着を形成できないということはなく、
愛着の形成はかなりの柔軟性を持っています。

愛着の対象は母親だけ?

ボウルビィが愛着理論を発表したのは、1969年のことです。彼の研究は、その当時の社会的環境の劣悪さから生じたホスピタリズム（施設病）やマターナル・デプリケーション（母親との相互作用の欠如）の研究から始まり、精神分析学に比較行動学を取り入れて提唱されてきました。愛着行動とは乳幼児が母親に接近する本能的行動であり、母親との分離にともなう不安や恐怖、それに愛着対象喪失によって起きる悲哀の過程を検討しようとしました。

こうした主張が日本で取り入れられたころは「3歳児神話」などとつながり、母親のみが愛着の対象になり、子どもの問題はすべて母親が原因のような偏った考え方につながりがちでした。

適切な養育を行っているもの すべてが愛着対象

しかし、今は、1930年代から60年代の戦争などの社会的剥奪の影響が大きかったことや、研究対象が母親のみであったということも考慮され、主たる愛着の対象は母親と限定されないことが示されています。

父親や祖父母なども含め、適切な養育を行っているものすべてが愛着対象となり、愛着行動も母親に対するものと違いは見受けられないと考えられています。

身近なところでは、保育園などでの特定の保育者との間にも愛着を形成することもわかっています。

人は、継続的に応答的な養育態度を示してくれる人であれば、複数の人を対象に愛着を形成することができるのです。

愛着の形成には親だけなく 子どもや環境の要因も影響する

63ページでは、それぞれの愛着のタイプでの親の傾向を解説していますが、親側の要因ばかりでなく、子ども側の要因も指摘されています。

子どもには生まれながらの気質がありますが（➡P56）、育てにくい赤ちゃんだったり、なんらかの要因でほほえみが出てこなかったり反応が乏しかったりすると、養育者の情緒的反応が低下することが指摘されています。

また、親子の置かれている環境要因（経済的要因や家族構成、夫婦間の関係）も影響を与えます。愛着の形成に問題がある場合は、さまざまな要因をふまえて、総合的に考えることが必要です。

健全な愛着形成を築けなかったときは?

乳幼児期に健全な愛着形成ができなかった場合でも、その後に特定の他者との間に愛着関係を築くことはできると考えられています。乳幼児期に親との間に形成される愛着が絶対的で決定的なものなのではなく、また臨界期とよばれるものもなく、その後の人との関わりや社会的文脈の影響を受けて変化するのです。

愛着対象は多様

継続的に応答的な養育態度を示してくれる人であれば、
複数の人を対象に愛着を形成することができる。

コミュニケーションの発達に欠かせない指さし行動

生後9〜10か月頃になると、赤ちゃんは「指さし」を始めます。
指さしは、自分の考えや気持ちをだれかに伝えたいという
意思の芽生え。この時期の重要な発達のひとつです。

「自分と相手」の世界から「自分と人ともの」の世界へ

生まれてすぐの赤ちゃんは自分と他者の区別がついていませんが、しだいに自分と母親、自分とおもちゃなど、1対1の関わりを持つようになります。この1対1の関係では、赤ちゃんは「自分と人」あるいは「自分ともの」という二者の関係で世界を認識しています。これを「二項関係」とよびます。

そして、この二者の世界である二項関係から、それ以外の三者を含めた世界へと認識が広がることを、「三項関係の成立」といいます。三項関係が成立するのは、おおむね9か月頃です。この三項関係の成立は、社会性やコミュニケーションの発達の基礎ともなる発達上の大きな変化で、「9か月革命」ともよばれています。

指さしなどの共同注意の出現

三項関係の成立を示す行動として、「共同注意」があります。

共同注意とは、他者と同じ方向に注意を向け、他者と関心を共有することをいいます。具体的には、他者が見ているものや指さしたものに自分も注意を向ける、他者に見てほしいものを自ら指さしして知らせたりする、などがあります。

三項関係は「会話の始まり」

指さしを覚えた赤ちゃんは、さまざまな場面で指さしをするようになり、まだ言葉を発せない赤ちゃんの重要なコミュニケーションツールとなります。

つまり、三項関係は「会話の始まり」ともいえます。赤ちゃんや子どもが指さしたものに対して「これは犬だね」「ボールで遊びたいのかな?」などと関心を示し、応答的に対応しましょう。まだ言葉を話せない乳児期であっても、こうしたやりとりを続けることが、その後の言語能力やコミュニケーション能力の発達によい影響を与えます。

二項関係から三項関係へ

二項関係

自己 ── 他者

自己 ── 対象

「自己─他者」あるいは「自己─もの」など1対1の関わり。

三項関係

自己 ── 他者

対象

「自己─対象─他者」という三者の関わり。

このころは、いないいないばあに反応するなど、二者間での心の交流はできる。また、おもちゃで遊んでいるときは、そばに大人がいても、大人には注意が向かない。

三項関係の理解が始まる9か月頃から、他者と同じ方向に注意を向け、他者と関心を共有する「共同注意」が現れる。大人の指さしの先を追ったり、自分で指さしして、大人に何かを伝えようとする。

ただし、このころから、「楽しいね」「これは何かな」など言葉のシャワーを浴びせることが、のちの三項関係の成立の土台になる。

ワンワンだよ

そう、ワンワンだよね

あっあっ（これ知ってるよ）

あっあっ（これ取って）

信頼できる大人の
表情や行動を参考にする

未知のものや人に出会ったとき、はじめての場所に行ったときなど、
どう行動してよいかわからないとき、
赤ちゃんは大人の表情や態度を頼りにします。

大人の表情を
手がかりにする

生後12か月くらいになると赤ちゃんは自分がどう行動するべきか判断がつかないときに、大人の反応を見て行動をコントロールするようになります。新しいものや不安なものに出会ったときに、養育者を見て、その表情や態度から大丈夫かどうかを確認して、次の行動を決めるのです。

たとえば、見慣れないおもちゃを見たとき、養育者が不安そうな顔をしていれば、赤ちゃんはおもちゃにさわることをためらいます。逆に養育者がニコニコ笑顔でいれば、赤ちゃんは安心しておもちゃに近づきます。これを「社会的参照」といいます。

社会的参照は、同じ対象に注意を向けた他者を参照するという意味で、66

大人の反応で大丈夫かどうかを確かめる

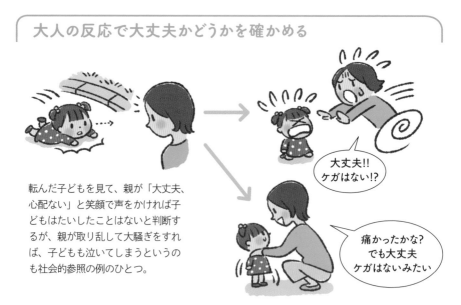

転んだ子どもを見て、親が「大丈夫、心配ない」と笑顔で声をかければ子どもはたいしたことはないと判断するが、親が取り乱して大騒ぎをすれば、子どもも泣いてしまうというのも社会的参照の例のひとつ。

大丈夫!!
ケガはない!?

痛かったかな?
でも大丈夫
ケガはないみたい

ページで紹介した共同注意のひとつとされています。社会的参照は、赤ちゃんに限らず大人でも見られますが、赤ちゃんが参照する他者は、おもに親などの強い情緒的な絆を持って結ばれた特別な他者に限られます。

　なお、この社会的参照については、視覚的断崖という大がかりな装置を用いた、ソースら（Sorce et al.,1985）の実験が有名です（➡下図）。

親の表情で行動を決める～視覚的断崖による実験～

(Sorce et al.,1985)

実験

● イラストのように、実際には平面だがガラス越しに断崖が見える実験装置を用いる。
● 装置の上に12か月の赤ちゃんを置き、母親の元へ行くかどうかを調べる。
● 母親はいろいろな表情をする。

結果

［深さ1mの「断崖」のとき］
● 赤ちゃんは渡ろうとしなかった。

［深さ30cmの「断崖」のとき］
● 母親が笑顔のときは19人中14人の赤ちゃんがガラス板を渡った。
● 母親が不安げな表情のときは1人も渡らなかった。

断崖実験はもともとは奥行き知覚を調べる実験だった

　上の社会的参照の実験で使用された「視覚的断崖」は、もともとは乳児の奥行き知覚を調べるためのものでした。この装置を考案したギブソンとウォーク（Gibson & Walk）の実験では、生後6～14か月の乳児を装置の中央に置き、ごく浅い断崖に進むか深い断崖に進むかを調べました。その結果、ほとんどの乳児が、深い断崖のほうには進まず、また深い断崖のガラス板に載せられると泣いたりしました。このことから、生後6か月までには奥行きを知覚していることが示されました。

　また、この実験中に乳児が母親の声がけや表情などを「参考」にするようすが見いだされていたことから、後に多くの研究者によって視覚的断崖を使った社会的参照の実験が行われました。上記のソースらの実験は、その中のひとつです。

赤ちゃんは運動と感覚を通して さまざまなことを学ぶ

ピアジェは2歳までの時期を「感覚運動期」と名づけ、
言葉を話せない赤ちゃんは、自分の身体と感覚を通して、
世界を学んでいくと考えました。

「感覚運動期」は さらに6段階に分類される

ピアジェは、子どもの認知の発達を大きく4段階に分け（➡P24）、0歳〜2歳頃を、第一段階の「感覚運動期」としました。感覚運動期とは、自分の身体の感覚を通して、自分を取り巻く世界を認識していく時期です。ピアジェはこの時期を、さらに細かく6段階に分類しています（➡右図）。

同じことを繰り返しながら 「法則」を発見している

ピアジェは、6段階のうち3段階を「循環反応」の時期としています。繰り返しの行動のなかで、赤ちゃんは世界を学んでいると考えられています。「つかんだタオルをしゃぶっても何も感じないけれど、手をしゃぶると温かさを感じる」というように、赤ちゃんは自分の感覚を通して、自分の身体とそれ以外のものを区別できるようになっていき、これを繰り返すことで、さまざまなことを覚えていきます。

右図で示した通り、赤ちゃんの循環反応には段階があります。最初は自分の行為そのものへの関心から起こっていた繰り返しの行動が、そのうち「自分が何かをした結果、どのようなことが起こるのか」ということに関心が移り、繰り返し行動の内容も複雑になっていきます。

「対象の永続性」の獲得

感覚運動期のもうひとつの特徴として、「対象の永続性（物の永続性）」の概念の獲得が挙げられます。たとえば、赤ちゃんに魅力的なおもちゃを見せ、赤ちゃんが手を伸ばそうとした瞬間に、布をかぶせておもちゃが見えないようにすると、生後8か月くらいまでの赤ちゃんはおもちゃを探そうとせず、そこには何もなかったかのように振る舞います。それが第4段階の8か月以降、布を取っておもちゃを探し出せるようになっていくとされています。

感覚運動期の発達

第1段階（0～1か月頃）
生得的（せいとく）なシェマの同化と調節

泣く、吸う、握るなどの行動様式（シェマという）を用いて、外界にあるものを取り入れ（同化という）、自分のシェマを環境に合わせて（調節）、適応させていく。

第2段階（1～4か月頃）
第1次循環反応

手を見つめる、手足をバタバタさせる、指しゃぶりをするなど、自分の行為そのものへの関心から同じ行為を繰り返す。

これ何？

あったかいような…

第3段階（4～8か月頃）
第2次循環反応

赤ちゃんの興味の幅が広まると同時に、外にある対象への働きかけが行われるようになる。握っているガラガラを振ると音がすることに気がつき、繰り返しガラガラを振るなどする。

ん？何か聞こえたぞ

やっぱりこれを振ると音がする

第4段階（8～12か月頃）
二次的シェマの協応

「対象の永続性」の概念が芽生え、布を取り除いて、その下にあるおもちゃを取ったりするなど、ある目標に達するために意図的に行動する。シェマを組み合わせることができる。

第5段階（12～18か月頃）
第3次循環反応

ボールを床に転がすときと、落とすときとの違いを理解するなど、自分の行為によってどのように対象が変化するかを予測できるようになり、行為と結果を繰り返し実験して確認する。

こうするとはねない…

こうするとはねる！

第6段階（18～24か月頃）
洞察の始まり

次の「前操作期（➡P84）」への移行期で、表象（頭の中でイメージを思い浮かべて考えること）が発達してくる。頭の中で行動を考えて、より状況に適した行動を選べるようになる。

想像以上に豊かな 赤ちゃんの物理感覚と計算力

赤ちゃんの認知の研究はピアジェ以降も活発に行われています。
さまざまな実験結果から、実はかなり早い段階から
赤ちゃんは基本的な知識を持っているようです。

基本的な事柄については、学習しなくてもわかる!?

　赤ちゃんは誕生してすぐに自分の周りの世界のことを学び始めています。そして、そのように仕向けるさまざまなしくみが備わっていると考えられています。

　その表れのひとつが、シナプスの刈り込み（➡P14）です。さまざまな刺激を受け取り、そのなかで環境に合わせて必要のないものを削ぎ落としていきます。

　そのような学習のしくみがある一方で、たとえば生まれてすぐの赤ちゃんが人の顔を好むように（➡P42）、学習する前から知っていることがあることもわかってきました。

　たとえば、「見えなくなっても物体はあり続けている」ということや、「1＋1は2になる」などの基本的な事柄について、生後数か月の乳児が理解を示すことが実験で確かめられています（➡P73、74）。

　これらのことは、どの国のどの時代に生まれても、必ず出会う事柄です。そのためゼロから学習せずともよいように、知識を備えていると考えられています。

「対象の永続性」の獲得は生後3か月半から?

　ベイラージョンら（Baillargeon & DeVos）は、赤ちゃんが、「対象の永続性（対象物が視界から見えなくなっても存在し続けること）」を理解しているかどうかを、期待違反法を用いた右図の実験で調べました。期待違反法とは、予期できる「ありうる事象（期待事象）」よりも、予期しない「ありえない事象（期待違反事象）」を長く見る傾向を利用した実験方法です。

　ベイラージョンらは右図の実験以外にもさまざまな実験を行っており、それらの実験結果から、一般に生後3か月半〜5か月半で対象の永続性を獲得すると結論づけています（➡P74のカコミも参照）。

「対象の永続性」の獲得は3か月から?

(Baillargeon & DeVos,1991をもとに作成)

実験

1 背の低いにんじんの人形が、スクリーンの後ろを通って左から右へと移動する事象を何度も見せて、乳児に慣れさせる。

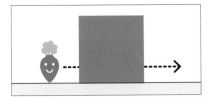

2 背の高いにんじんの人形も同様に、つい立ての後ろを通って左から右へと移動する事象を何度も見せて、乳児に慣れさせる。

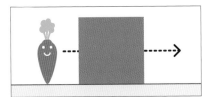

3 この後、下図のように、つい立ての一部を切り取って、にんじんを移動させるようすを見せる。ふつうなら、背の高いにんじんは、つい立ての後ろを通るときに上部が見えてしまう。しかし、このとき、背の低いにんじんも背の高いにんじんも、どちらも切り取った部分からは見えないように動かす。つまり、背の低いにんじんのほうは「ありうる事象」となり、背の高いにんじんのほうは「ありえない事象」となる。

ありうる事象

背の低いにんじんの人形は、切り取った部分から見えない。

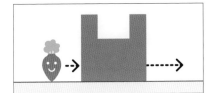

ありえない事象

背の高いにんじんの人形は、切り取った部分から見えない。

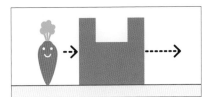

結果

生後3か月半の乳児が、【ありうる事象】よりも、【ありえない事象】のほうを長く見た。

⬇

このことは、生後3か月半の乳児が、にんじんがスクリーンに隠されても、その向こう側に存在し続けていることを知っている、つまり「対象の永続性」を理解しているからだと考えられる。

こうじゃないの??

赤ちゃんは計算ができる?

右の実験はウィン（Wynn）が行った、赤ちゃんの数の理解に関する実験です。73ページの対象の永続性の理解の実験と同様に、期待違反法を用いた実験です。

実験では、赤ちゃんは、「1＋1＝1」というありえない事象に驚き注視時間が長くなりました。このことから、生後5か月の赤ちゃんが、「1＋1＝2」であることを理解していることが示唆されました。

ちなみにこの実験では「2－1＝1」や「2－1＝2」といった事象を作り、「引き算の理解」の実験もしていて、同様にありえない事象で乳児の注視時間が長くなったことが示されています。

一方で、この実験結果から「赤ちゃんに計算能力があるといえるのか」といった批判もゼロではありません。この点についてはいまだ議論が続いています。

しかし、こうしたユニークな実験手法が、乳幼児の認知能力の高さを次々と明らかにしています。現在ではアニメーションやロボットを用いた研究も進んでいます。

ピアジェの見解と矛盾する?

ピアジェは、赤ちゃんが対象の永続性を理解するのは生後8か月以降だと考えていました（➡P70）。これは、ピアジェの研究手法が、手を使って物を探す課題だったためだと考えられます。この課題だと、運動スキルや記憶力などもある程度必要でした。また、対象物を探さないからといって、対象の永続性の概念がないともいいきれません。

ピアジェの研究は1900年代前半の観察研究をベースにしており、当時は赤ちゃんの視線に注目した研究方法が開発されていない時代でした。当時の観察法は、現代のように客観的な手法がとられていないことや、観察対象を自分の子どもにするなどしていたため対象人数が少なく、結果で明らかになっている年齢の違いなどが指摘されることもあります。

ピアジェの研究は現在でも認知発達の基礎をなすものですが、研究手法の制約から、乳幼児の能力を過小評価していたとの指摘もあります。

赤ちゃんは「1+1=2」がわかる？

1 人形がケースに置か
れる。

2 スクリーンが上がっ
て人形が隠される。

3 2つめの人形が追加
され、スクリーンの
後ろに隠される。

4 何も持たない手が引
っ込む。

 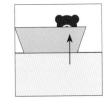  

5 この後、「ありうる事象」と「ありえない事象」を乳児に見せ、注視時間を調べる。それぞれの事象
は交互に3回ずつ提示された。

ありうる事象	ありえない事象
スクリーンを落とす と…。　人形が2つ現れる。	スクリーンを落とす と…。　人形が1つ現れる。

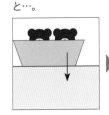  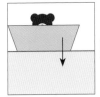 

生後5か月の乳児が、【ありうる事象】
よりも、【ありえない事象】のほうを長
く見た。

➡

このことは、5か月の乳児が「1＋1」が「1」
ではなく、「2」であることを理解しているから、
【ありえない事象】に驚き注視時間が長くなった
と考えられる。

ウィンは、上と同様の方法で、「2－1＝1
（ありうる事象）」と、「2－1＝2（ありえな
い事象）」でも実験し、乳児が「引き算」に
ついても理解していることを示している。

 なんかへん…

2章

胎児期・乳児期の発達

自分らしく生きるための「社会化」と「個性化」

他者と共存するための「社会化」、自分らしさという「個性化」。
人の発達とは、「社会化」と「個性化」のプロセスであるともいわれます。
この2つがぶつかりあいながら、「自分らしさ」を形成していきます。

「社会のルール」と「自分らしさ」のはざまで

私たち人間は、他者と関わりながら生きていく社会的な動物です。乳児期を過ぎて幼児期に入ると、社会のルールや生活様式、人づきあいのマナーなどを学ぶ機会も多くなっていきます。このように他者と共存し社会に適応していく過程のことを「社会化」といいます。

一方、発達とともに個人の独自性（その人らしさ）が明確になり、「自分らしさ」を見つけて、自律していく過程のことを「個性化」といいます。

この「個性化」と「社会化」は、同時に育ちながらも、発達の折々で衝突し始めます。自分らしさを出しすぎて周囲から責められたり孤立したりすることもあれば、他者のことを気にして自分を抑えこみすぎてストレスが大きくなってしまうこともあります。

社会化と個性化のバランス

社会化と個性化は人が生きていくうえでどちらも必要であり、大切なものです。周囲の人と協力して生きていくために、自分に折り合いをつけたり、他者と衝突したりと、試行錯誤を繰り返しながら、自分なりのほどよい加減を模索していくのです。

青年期の社会化と個性化についても考えてみましょう。青年期は、他人から見られた自己あるいは期待される自己を意識しており、現実の自己を理想の自己に向かって修正したり形成したりしていくようになります。このような認知的な自己像の社会化や個性化による両方の発達が、互いに影響し合いながら、理想の自己を選択させるように仕向けていきます。青年期は、周囲の大人や仲間関係とのあり方が、自己像に強い影響を与えるのです。

3章

幼児期の発達

1歳を過ぎると、いよいよ「歩く」「話す」
といったことができるようになってきます。
やがて「自分でやりたい！」とがんこに主張し始め、
ときに周囲の大人を困らせます。
でも、これが「発達」です。
ここでは1歳から小学校就学前の幼児期の発達を
見ていきましょう。

幼児期はどんな時期？

言葉を介した
コミュニケーションが始まる

　発達心理学では、1歳半頃から小学校に就学するまでを「幼児期」とよびます。歩いたり走ったりできるようになって、遊び方もダイナミックになり、言葉を介したコミュニケーションをしながら、周囲の人たちと関係性を強め

ていきます。

幼児期は前半と後半に分けると
発達をとらえやすい

　同じ幼児期でも、2歳前後と、幼稚園や保育園の年長組である5、6歳とでは、身体の発達も心の発達も大きく異なります。

　エリクソンは、幼児期にあたる時期

幼児期の発達とキーワード　＊　⬜️　はピアジェの認知発達段階。

	1歳半	2歳	3歳
乳児期	幼児期		

感覚運動期	前操作期

言葉の始まり
➡P82

パパ　ママ

自己鏡映像認知
（自己意識の発達）
➡P94

もしもし〜

象徴（模倣）
遊び
➡P88

歩行と
世界の広がり
➡P80

イヤイヤ期
（第一次反抗期）
➡P96

を、「幼児前期」と「幼児後期」に分け、それぞれの「心理社会的危機」を、前期が「自律性 対 恥・疑惑」、後期が「自主性 対 罪悪感」としています（➡P23）。

ピアジェは幼児期の思考の特徴を「前操作期」という段階に分類していますが、下位分類として、幼児期前半を「前概念的思考段階」、後半は「直観的思考段階」に分けています（➡P84）。

イヤイヤ期を乗り越えて、「がまん」も上手になってくる

幼児期前半には、一般に「イヤイヤ期」とよばれる「第一次反抗期」が訪れます。多くの親が子どもとのやりとりに苦労しますが、この時期を乗り越えると、自己抑制が発達してきて、「がまん」もできるようになってきます。

とはいえ幼児期は、まだ次の児童期とは違う幼さがあります。5、6歳になると口も達者になってきますが、心のあり方は幼児ならではのユニークさがあります。たとえば、ピアジェのいう「自己中心性（➡P84）」です。幼児期から児童期、青年期にかけては、「自己中心性→脱中心化（➡P90）→青年期の自己中心性（➡192）」という、興味深い発達の流れもあります。

4歳　　　　　**5歳**　　　　　**6歳（小学生）**

児童期

ごっこ遊び
➡P88

先に遊んでいいよ

就学
➡P128

みんなおままごと好きでしょ！

自己抑制の発達
➡P102

協同遊び
➡P91

自己中心性
➡P84

3章 幼児期の発達

79

歩くことで世界が広がり、好奇心や自立心を強めていく

歩き始めるようになると、子どもにとっての世界はぐんと開かれます。
広い外の世界を自由に移動できるようになり、
好奇心のままに探索の範囲は飛躍的に広がっていきます。

養育者を安全基地にして探索行動を行う

　子どもが歩けるようになる時期には個人差がありますが、だいたい1歳から1歳半頃です。

　子どもは、歩行ができるようになると、外の世界への好奇心がわいてきます。このとき、養育者との間に愛着関係が築かれていると、それを心の安全基地にしながら、少しずつ外の世界へチャレンジしていくことができます。

　いきなり親から離れるわけではなく、少しずつ探索し始め、周りのようすをうかがい、大丈夫だと思ったら遠くに探索に行く。これを繰り返しながら、少しずつ世界を広げていきます。「探索行動」により、好奇心や自立心が強まっていき、多くのことを学びます。

活発な探索行動とともに危険な場面も増える

　一方で、歩いたり走ったりできるようになり、探索欲求も行動範囲も広が

ることで、危険な行動も多くなっていきます。そのため子どもは親からたびたび注意されるようになります。

危険に対する想像力が未熟

　小さい子どもは、危険に対する想像力が未熟ですから、親など周りの大人が「危ない」ということを理由も含めてしっかり教えていく必要があります。なぜ危険なのか、なぜいけないのかを繰り返し教えられることで、しだいに「道路には飛び出さない」「信号が青のときに渡る」「犬などの動物を急にさわらない」など、さまざまなルールを学んでいきます。

　とはいえ、1、2歳はまだまだ好奇心のままに、欲求のままに動いてしまう時期です。この時期、少しずつ話せるようになってくることもあり、だんだんと親に反抗したり自己主張したりするようになっていきます。こうして「第一次反抗期」を迎えることになります（➡P96）。

親は「安全基地」になって子どもを見守ろう

安全基地があるという安心感が、子どものチャレンジ精神を支えます。

びっくりしたねー
大丈夫だよ
虫さんは
とぶんだよ〜

ママー

安全基地

親などの養育者は、何か
あったときにすぐにかけ
こむことのできる、子ど
もにとっての「安全基地」
として機能する。

抱きしめてもらったり、なぐさめてもらったり
して、落ち着き元気を取り戻すと、また新たな
チャレンジへ向かうことができる。

一度できても、またできるとは限らない

　左ページでも書いた通り、歩行が始まり自由に動けるようになると、ヒヤッとす
る危険な場面も多くなります。特に道路への飛び出しについては、最大の注意を払
いつつ、その危険性をしっかり教えていかなくてはなりません。しかし、子どもは
一度や二度説明しただけではその場では理解したように見えても、また同じように
できるとは限りません。まだまだ記憶容量が少なく、記憶していられる時間も短い
ため、「昨日も言ったでしょ！」と叱ったところで、すっかり忘れていることも多々
あります。まずは環境が安全かどうかをよくチェックし、そのうえで子どもには繰
り返し何度も説明して危険やルールを教えていくことが大事です（➡P116）。

個人差が大きい言葉の発達
語彙が一気に増える時期も

子どものはじめての言葉は親としてはとても嬉しいもの。
しばらくすると一気に言葉を話し始める時期がやってきます。
認知機能の発達とともに、言葉をどんどん獲得していきます。

初語の後が続かない?

　子どものはじめての意味のある言葉のことを「初語」といいます。この初語が現れるのは、だいたい1歳前後です。親としては、この後どんどん言葉が出てくると期待しがちですが、言葉の発達はそう簡単には進みません。初語の後、半年くらいは語彙数の増え方はゆっくりと進んでいくのが一般的です。一度言えたとしてもその後しばらく発せられないということも少なくありません。

　ところが1歳後半から2歳くらいまでの時期以降、急に語彙が増え始める時期が訪れます。その時期には個人差がありますが、一度増え始めると爆発的に増加する傾向はどの子も共通しているようです。

ものに名前があることを知り、たくさんの言葉を覚えていく

　語彙爆発が訪れると、「これ何?」という質問が増えてきます。「もの」には名前があることを理解したということの表れです。

　たとえば子どもが、はじめて「パパ」と言っても、それが父親をさして言った「パパ」なのか、単に「パパ」という音を発声しただけかはわかりません。「パパ」という音は、それ自体は単なる音でしかありませんが、しだいにパパという音を、父親を意味する言葉として使うようになっていきます。それはつまり象徴的な機能を持つものとして「パパ」という言葉を使っていることになります。言葉の音(象徴)と実際の事物が頭の中で結びついてイメージ(表象)できるようになることで、言葉を獲得していきます(➡P84)。

　なお、「初語」を発する前から、赤ちゃんはさまざまな音声を出して、話すための準備をしています。それぞれの時期は個人差が大きいですが、初語あるいは多語文を話すまでの過程は、おおむね右図のような流れで進んでいきます。

話し言葉の発達

生後1か月〜
クーイング。「アー」「ウー」「クークー」「ゴロゴロ」など喉の奥を鳴らすような音声を出す。

生後4、5か月頃〜
喃語(なんご)。「パーパー」「ダーダー」のような言葉のように感じられる音声を出す。

1歳〜1歳半
初語が出る時期。文章にはならず、1語で伝えようとする(一語文)。

1歳半〜2歳頃
ものに名称があることを認識し、ものの名前に興味を示す。急に語彙が増え始め、二語文を話すようになる。

2歳〜2歳半頃
3語以上の多語文を話す。知っている単語を羅列する。動詞の語尾変化によって過去・現在・未来の区別もできてくる。

2歳半〜3歳頃
名詞と動詞を使い分け、また接続詞や助詞も使って、複雑な文を話せるようになる。大人の使っている言葉を模倣したりもする。

3歳頃〜4歳頃
話し言葉がひととおり完成する。大人とも自由に話せるようになる。

4歳頃〜5歳頃
獲得した言葉で多弁になる。友達同士で意思の伝達が自由にできるようになる。

5歳頃〜6歳頃
相手に応じて話す内容を変えられるようになる。

自己中心性が特徴的な
前操作期の子どもたち

幼児期の子どもたちは、世界をどのように見ているのでしょうか。
ピアジェはこの時期の子どもたちには、
この時期ならではの思考の仕方があると考えました。

前操作期は
さらに2つの段階がある

ピアジェの発達段階説では、2歳頃〜7歳頃までの時期を「前操作期」とよんでいますが（➡P24）、この段階は、さらに2つの段階に分けられます。

前半の「前概念的思考段階（2〜4歳頃）」は、目の前にないものを思い浮かべる「表象能力」や、それを言葉などの別のものに置き換える「象徴機能」が発達します。対象が目の前になくても頭の中だけで考えられるようになり、ある対象と、象徴としての言葉とを結びつけることで、語彙もどんどん増えていきます。ただしこの段階では、まだ概念（物事の性質の共通認識）を獲得しておらず、相互の事物を関連づけることができません。

後半の「直観的思考段階（4〜7歳頃）」になると、「概念」を獲得して「関連づけ」ができるようになってきます。ただし、保存概念が未発達であることにも象徴されるように（➡右図）、見か

けに左右されるという限界があり、具体的操作期（7〜11歳頃）のような論理的思考はまだできない段階です。

自己中心性が強い前操作期

前操作期の子どもの特徴として、表象能力や象徴機能の発達のほかに、自己中心性の強さやアニミズム的な思考が挙げられます（➡右図）。

なかでも大きな特徴は、「自己中心性」です。これは自分と異なる他者の視点で考えたり話したりすることが難しい傾向のことです。自己の利益やわがままに振る舞うということではありません。子どもの思考がまだ十分に社会化されていないため、たとえば、空間的に自分が見ている見え方と他の位置からの見え方の2つの事柄を関係させることが難しい状態であることをいいます。ピアジェの有名な実験である「三つ山課題」（➡P132）では、自分自身が見ている視点にとらわれやすいことが知られています。

前操作期のおもな特徴

表象能力が発達する

「表象」とは、目に見えないものを思い浮かべることで、簡単にいうと「イメージ」のこと。この力がつくことで、時間がたってから前に見たものをまねする「延滞模倣（➡P88）」ができるようになる。

象徴機能が発達する

「象徴」とは、現実にないものを他に置き換えること。この象徴と上の表象の発達により、言葉をどんどん獲得し、また見立て遊びやごっこ遊び（➡P88）などができるようになる。

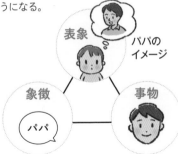

表象　パパのイメージ

象徴　パパ

事物　実際のパパ

「パパ」という言葉　　実際のパパ

自己中心性が強い

自分と異なる他者の視点で考えたり話したりすることが難しい傾向のこと。自分が見える世界が他者も同じように見えていると思い、また、自分が考えていることは、他者も同じように考えていると思うこと。

あの見えないですけどー

見て見てーこの絵はね、ピンクのところがー

「保存概念」が不十分

たとえば、同じ量のジュースを形の違うコップに入れると、同じ量でも、背の低いコップよりも高さのあるコップのほうに多く入っていると思う。

こっちのジュースのほうが多いよ

アニミズム思考を持つ

無生物にも心や命があると考えることで、人形やぬいぐるみに話しかけたり一緒に遊んだりと、まるでそれらが「生きている」と思っているかのように接する。3〜4歳の子どもたちが、お絵描きするときに太陽に顔を書いたりするのもアニミズムの現れ。ピアジェは子どものアニミズムに対して以下の4つの発達段階を示した。

段階1（6歳頃まで）	… すべてのものは生きていると判断する。
段階2（6〜8歳頃）	… 動くものは生きていると判断する。
段階3（8〜11歳頃）	… 自力で動くものは生きていると判断する。
段階4（11歳以降）	… 生きていることを科学的知識をもとに考えられる。

子どもの絵には心と身体の発達が現れる

子どもは実に不思議な絵を描くものです。
描き方や描かれるものについては、地域や文化に関係なく
世界中の子どもが同じような過程を経ることがわかっています。

世界中の子どもが「頭足人（とうそくじん）」を描いている

子どもの描く絵は、大人の関心を強く惹きつけるような独特の世界があります。子どもそれぞれに独自の描き方をしていますが、おもしろいことに、表現の発達がどのような過程を経るかということは、世界中の子どもたちで共通しているといいます。

このことはアメリカで行われた100万枚に及ぶ子どもの絵の分析からも明らかになっています。たとえば頭から直接手足が描かれる「頭足人」とよばれる図形は、世界中の子どもたちに共通して見られる表現です。

子どもの絵はなぐりがきから概念画へと発達していく

絵の表現がどのように発達するのかを見ると、それは、心と身体の発達と深く関わっていることがわかります。子どもが世界をどのように認知しているのかという認知機能の発達、腕や手指の運動機能の発達、物事をとらえるときの感情の発達、実際の生活から体験することの広がりなどが絵の表現として現れてくるのです。

それぞれの時期については個人差が大きいですが、幼児期における絵の発達過程は、一般に右図のような段階を経ていきます。

2歳頃は、「○○を描こう」という意識はなく、絵を描いてから意味づけすることが多い。自分が描いた絵に対して、「これ何?」と大人に聞いてくることもある。

これ何?

おだんごかな?

そうそう、おだんご

絵の発達過程

1 なぐりがき期（1歳頃～2歳頃）

この時期は何かを表したいという意図はなく、手の運動によってその痕跡が現れることを楽しんでいる。

2 象徴期（2歳頃～3歳頃）

描いた絵が意味を持つようになる。なぐりがき期の後期の表現と同じように見えても、円のようなものを「ママ」と言ったり線のかたまりを「パン」と言ったりするようになる。あらかじめ意図したものを描くのではなく、描いたものに意味づけをする。

3 前図式期（3歳頃～4歳半頃）

円を主として、人や木、花、家、車などが現れる。1つの画面に複数のものが脈絡なく描かれ、大小の関係や因果関係もなく、まるで商品のカタログのようになることから、「カタログ期」ともよばれる。また、この時期は、頭から直接手足が生えている「頭足人」もよく見られる。

カタログ期の絵　　　　　　　　頭足人

4 図式期（4歳半頃～8歳頃）

1枚の絵として表現されるようになってくる。見えるものというよりも知っているものを描く傾向がある。描かれるもの同士がつながりを持つようになってくる。さらに5歳くらいになると地面との境界を示すベースラインが現れるようになる。家や車の中が透けて見えるようなレントゲン的表現も見られる。また、外界のことをよく理解するようになり、男児は強いものや機械的なもの（車、ロボットなど）、女児は花や小動物、人形などの題材を好んで描く傾向が現れる。

ごっこ遊びができるのは成長のしるし

おままごと、お店屋さんごっこなど、子どもはごっこ遊びが大好き。
「ごっこ遊び」は、子どもにとって楽しいだけでなく、
発達上のすばらしい能力を獲得したことも意味しています。

認知の発達にともなって遊びも変化する

ピアジェは、自ら確立した認知の発達段階（➡P24）と対応させて、右図のように遊びを3つの段階で説明しています。

感覚運動期（2歳頃まで）には運動機能を用いた遊びが、前操作期（おもに幼児期）には「ごっこ遊び」に代表されるイメージ（表象）を操作した遊びが、具体的操作期（おもに児童期）には友達とルールを共有した遊びが見られるようになります（➡右図）。

表象を獲得したからこそできる「ごっこ」遊び

子どもたちが「ごっこ遊び」をするようになるということは、その背景にいくつかの機能が獲得されたことを意味しています。

「ごっこ遊び」の前段階を見てみましょう。まず1歳半頃から、だれかがしていることを模倣して、「ふり」をするようになります。電話する「ふり」、運転する「ふり」、などです。さらに、直後や同時に模倣するだけではなく、時間をおいて再現する「延滞模倣」もできるようになります。これは、頭の中で観察したことをイメージ（表象）し、記憶して、再生することができるようになったことを意味します。

また、「見立て」ということもできるようになります。リモコンを電話に、段ボールを車に見立てるなど、目の前に存在しないものを、目の前に存在する別のものに置き換えることができるようになるのです。これは「もの」に、象徴的な機能を与えていることを意味します。

そして3、4歳頃になると、自分が別の存在になりきる「ごっこ遊び」へと発展していきます。ごっこ遊びは認知の発達のほか、他者との関わり方の発達、感情（情動、情緒）の発達、言葉の発達などを総合的にうながします。子どもにとって楽しいだけでなく、発達において大切な遊びでもあります。

「認知の発達段階」で見るピアジェの遊びの分類

感覚運動期（0～2歳頃）

機能遊び

見る、聞く、さわる、なめるなど感覚機能を用いたり、手足を動かしたり、ボールを投げたりなど運動機能を用いて遊ぶ。

前操作期（2～7歳頃）

象徴遊び

模倣遊びともいう。イメージを思い浮かべて、見立てや空想をともなって遊ぶ。自分が別の存在になりきる「ごっこ遊び」は象徴遊びの代表的な遊びといえる。

もしもし
パパですかー

延滞模倣ができるようになることでごっこ遊びや見立て遊びができるようになる。

具体的操作期（7～11歳頃）

ルール遊び

複数の子どもたちがルールを共有して遊ぶ。たとえばトランプや鬼ごっこなど。友達と協力したり競争したり、また役割を演じたりもする。

※これらの遊びは認知の発達にともなって段階を経ていくとされるが、段階ごとに切り替わっていくものではなく、ある程度並行して行われる。

遊びを通して
人との関わりを学ぶ

幼児期後半になると友達と遊ぶことも多くなりますが、
遊びのなかで「人との関わり方」も変化していきます。
ここでは、古典的なパーテンによる遊びの分類を紹介します。

子どもは友達と
どう関わって遊ぶのか

子どもの遊びについては、ピアジェ以外も古くからさまざまな研究が行われてきました。なかでも1930年代の古典的研究ともされるアメリカの社会学者パーテン（Parten）の分類が、今でもよく知られています。

パーテンは保育園の幼児が遊ぶ場面を観察し、他者との関わり方という観点から遊びの形態を6つに分類しました。そしてこの遊びの形態は、社会性の発達とともに段階的に変化していくと考えました（➡右図）。

「ひとり遊び」「傍観的行動」「平行遊び」「連合遊び」「協同遊び」の順に出現するとされ、2、3歳児でひとり遊びが多いのが、しだいに連合遊び、協同遊びが増加します。ただし、ひとり遊びについては議論も多く、今では必ずしも未熟な段階だけでなく、児童期以降でも、読書など豊かなひとり遊びがあることは知られるところです。

遊びによって発達が
うながされる

遊びは、知的好奇心を刺激するだけでなく、社会的な関係も学びます。

たとえば遊びの中での友達とのやりとりによって、友達が何をイメージしているのかを考えることをうながしますが、これは、脱中心化を後押しすると考えられます。

脱中心化とは自分にしか通用しない思考の仕方から、すべてのものを理解、あるいは表現しようとするようになることです。自分が得た情報のみですべての状況をとらえるところから抜け出し、他者の視点や立場に立って考えようとし始めます。

また、自分のしたいことと相手のしたいことがぶつかる場面では、自分の主張を言う一方で、がまんをしたり、ゆずったりという行動も必要になります。遊びは、自己主張と自己抑制の発達（➡P102）にも大きく影響しています。

「他者との関わり」で見たパーテンの遊びの分類

1 遊びに専念しない行動（0歳〜2歳頃）

特定の何かで遊ぶのではなく、興味のある何かをぼうっと見たりする。あるいはじっと立っていたり、周りを見回したりする。

2 ひとり遊び（2歳〜3歳頃）

他の子どもが近くにいても関わろうとせず、自分の興味のある遊びに熱中する。お互いに関心は示さない。

3 傍観的行動（2歳半〜3歳半頃）

他の子の遊びをじっと見つめ、質問したり話しかけたりするが、遊びに加わろうとはしない。

4 平行遊び（2歳半〜3歳半頃）

近くの子と同じような遊びをする。他の子のまねをしたりもするが、協力し合うことはない。言葉のやりとりはなくとも、同調行動をしている状態。

5 連合遊び（3歳〜4歳頃）

他の子とコミュニケーションをとりながら遊ぶ。ただし、まだイメージを十分に共有することはできず、役割分担はない状態。

6 協同遊び（3歳〜6歳以降）

他の子と関わり合いながら、ルールや何かをやり遂げるかという目的を共有して遊ぶ。グループ内で役割分担がある。

子どものひとりごとは
思考の整理のため?

子どものひとりごとは3歳頃から目立ち始め、
7歳頃にかけて減少していきます。ひとりごとについては、
発達の観点から2つの有名な考え方があります。

ひとりごとは社会性が
発達すると減少する?

　子どもはよくひとりごとを言います。おままごと中や、お絵描きをしながらなど遊びのなかでもよく見られますし、話し方もお話のように話したり、会話のように話したりとさまざまです。

　幼児のひとりごとについて最初に発表された注目すべき研究はピアジェの研究でした。

　ピアジェは、3歳児にひとりごとが多く見られ、それらが7歳頃までに減少していくことを発見しました。ピアジェはひとりごとは子どもの自己中心性（➡P84）の現れであると考え、「自己中心的言語」とよびました。ひとりごとが減少するのは、子どもがしだいに脱中心化（➡P90）し、社会性が発達するためであると解釈しました。

心の中で考えられるようになると
ひとりごとは減少する?

　これに反論したのが、ロシアの心理学者ヴィゴツキー（Vygotsky）です。もともとヴィゴツキーは、言葉を大きく2つに分類しています。他者とのやりとり（コミュニケーション）に用いる「外言」と、声を出さずに頭の中で考えを整理するために用いる「内言」です。

　ヴィゴツキーは、実験によって、子どもは困った場面に遭遇するとひとりごとが増加するという事実を発見しました（➡右図）。

　また幼児のひとりごとは、他者も聞くことができますが、だれかに話しているものではありません。幼児のひとりごとは他者に聞こえるという点では外言的であり、自分に話している点では内言的といえます。ゆえに幼児のひとりごとは、内言と同じような機能を持つのではないかと、ヴィゴツキーは考えました。そして、ひとりごとが減少していくのは、ひとりごとが音声を持たない内言へと変化するためであると解釈しました。

　後年、ピアジェはヴィゴツキーの論に賛意を示しました。

ひとりごとにまつわるヴィゴツキーの実験

実験

子どもが自由にお絵描き
しているときに、わざと
青色のえんぴつを隠し、
ようすを観察する。

結果

困った場面でひとりごと
が倍増した。

これらのひとりごとは、自己との
対話であると考えられる。

青の
えんぴつは
どこ？

今度は青の
えんぴつが
いるのに

代わりに赤で描いて
水をたらそうかな……

子どもはなぜひとりごとを話すのか？

自己中心的言語は社会的な言語へと発達すると考えたピアジェに対し、ヴィゴツキーは
社会的な言語が、自己中心的言語を経て、内言へと発達すると唱えました。

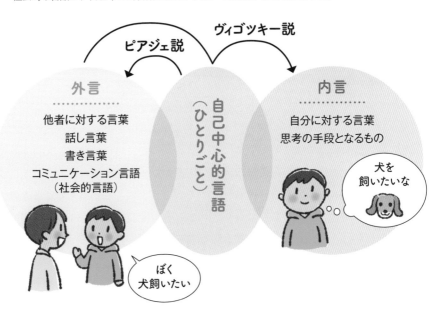

ピアジェ説　　ヴィゴツキー説

外言

他者に対する言葉
話し言葉
書き言葉
コミュニケーション言語
（社会的言語）

自己中心的言語
（ひとりごと）

内言

自分に対する言葉
思考の手段となるもの

犬を
飼いたいな

ぼく
犬飼いたい

自己鏡映像認知

鏡に映る自分が自分だと
気づくのはいつごろ?

赤ちゃんは鏡に映った自分の姿を見ても
最初は自分だとわかりませんが、
1歳半頃には自分の姿だと認識するようになります。

鏡の中の自分が
自分だとわかるのは1歳半頃

　赤ちゃんは、いつごろから「自分」というものがわかるのでしょうか?自分について認識すること、つまり自己認知を調べるための有名なテストがあります。ルージュテストとよばれるもので、赤ちゃんの顔に口紅をつけ、鏡に映る自分の姿を見たときの反応を観察します(➡右図)。

　1歳頃までは、鏡に映っているのが自分であるという認識はなく、鏡に映っている顔にさわろうとしたり、鏡の裏を覗き込んだりという行動をとります。

　それが1歳半頃以降になると、鏡に映っている自分を見ながら、実際の自分の顔についている口紅の部分に触れるといった行動が見られるようになります。鏡に映った自分を「自己」として認識するようになった、ということです。

　これは自分を客観的に認識できるよ

うになったことの現れであると考えることができます。

自己を認識するには
他者の存在が必要

　犬や猫は鏡に映った自分の姿を自分と認識することはありませんが、チンパンジーは認識できるようです。しかし隔離されて育ったチンパンジーは、鏡に映った自分を認識できず、興奮したり怖がったりしたという報告があります。

　このことは、自分であることを認識するには、他者との関わりが必要であることを示唆しています。

　実際、人間の赤ちゃんは鏡に映る他者の認知が、自己の認知に先行することがわかっています。たとえば鏡に映る親の姿を親だと認識することのほうが、自分を認識するより早い段階で起こるのです。赤ちゃんは親などの他者との関わりによって、他者と異なる存在としての自分の認識を高めていくのです。

「ルージュテスト」でわかる赤ちゃんの自己認知能力

(Amsterdam,1972)

実験

1 まず赤ちゃんに気づかれないように、鼻の頭に口紅をつける。
2 しばらく遊ぶなどして気をそらした後に、鏡を提示して、赤ちゃんがどんな反応をするかを観察する。

結果

1歳頃までは……

鏡の中の顔に触れたりする。
➡鏡に映っているのが自分だという認識がない。

1歳半頃以降は……

鏡を見ながら、自分の鼻についた口紅に触れるなどの行動が見られる。
➡鏡に映っているのが自分だとわかっている。

3章

幼児期の発達

「自分のもの」はいつごろわかるようになる?

　赤ちゃんは、仮に自分のおもちゃでも「自分のもの」という認識がないので、抵抗なく人に貸してあげたりします。

　それが、2歳前後になると、「これは自分のもの」という所有の意識が生まれてきます。すると「これは○○ちゃんの!」と自己主張したり、貸すのは嫌だという気持ちが強くなったりしていざこざが多くなります。

　自分と同じように、「他の人にも"自分のもの"がある」ということがわかってくるのは、おおむね4歳前後です。この頃になると、「自分のものだけど貸してあげよう」とか、「他の人のものだから貸してと言ってみよう」と、自分のもの・他者のものを区別したうえで貸し借りができるようになっていきます。

○○ちゃんのだもん!

そうだね。これは○○ちゃんのだよね

一時期物を貸してあげたくないという時期があるが、認めてあげることで徐々に自他の領域が区別できるようになっていく。

魔の2歳児。子どもの「イヤイヤ」はどうして起こる?

泣き叫んだりのけぞったり、全身で「イヤ」を表す子どもたち。
親を悩ませる「イヤイヤ期」ですが、
「イヤイヤ!」は健全な発達のしるしです。

イヤイヤ期は健全な心の発達にとって大切な時期

何を聞いても「イヤ!」を連発したり、親がちょっと手を貸そうとすると「自分でやる!」と泣いて怒ったり、帰りたくないと公園の地べたに座り込んだり……。こうしたかんしゃくが多くなる時期は、「第一次反抗期」とよばれています。一般的には「イヤイヤ期」とよばれたり、その対応の難しさから、「魔の2歳児」といわれたりもします。

第一次反抗期は、一般に2〜3歳頃に見られます。この時期は、親から手伝われることを嫌い、食事や衣類の着脱など自分でやりたいと主張し始める時期です。言葉もどんどん増えてたくさんしゃべるようにもなります。

「イヤイヤ」はなぜ起こるのか?

自分でやりたい!
自分でできる!

遅れちゃうから、ほら早く貸して!

| 自分の要求がしっかりある（自我が芽生え、意思を持っている） | でも、それが通らない | 気持ちをどうしていいのかわからない（葛藤） |

伝えられないもどかしさを 「反抗」という形で表現する

　一方で、この時期の子どもは、「自分でやりたい！」と思っていることと、「実際にやれること」の間にギャップがあります。危なっかしい場面も多々あり、大人も途中で手出しをしたり、制止したりする場面が増えてきます。

　そのため、「自分はこうしたい／やりたい」のに、「実際にはできない／させてもらえない」、という葛藤が起こります。しかし、この時期の子どもはそれを言葉で上手に伝えられず、感情を整理したり切り替えたりもできません。そのもどしかさから、かんしゃ

くを起こすなど、ときに激しい行動で自分の思いを主張します。

第一次反抗期の経験は 自立への基礎となる

　こんなに「イヤイヤ」を言うのはうちの子だけなのではないかと悩む親も多いようです。しかし実は「イヤイヤ」は世界中の子どもたちに見られます。

　第一反抗期は単にわがままなのではなく、自我が順調に発達している表れです。思い通りにならないことを経験する→自分の葛藤を表現する→それに対する相手からの反応を受け取る、という一連の経験は、健全な心の発達にとって、とても大切なものなのです。

イヤ！

イヤ！

○○する？

お散歩行こう

イヤイヤ期の行動はさまざま。日本だけでなく、世界中の2歳児、3歳児がさまざまな行動で「イヤイヤ」を主張している。

爆発する!!
（言葉で表現できないので、別の手段で表現）

イヤイヤ期の子どもにはどう対処すればいいの？

子どもの「イヤイヤ」は
発達のために大切なものであることを理解し、
ストレスをためずにおおらかに見守ることが大切です。

イヤイヤ期の子どもには一段上に立って対応する

　子どもから面と向かって「イヤ!」と言われると、ついつい否定してしまったり、逆になんでも要求に応じたりしてしまうこともあるかもしれません。

　しかし、子どもの自主性を否定することが続くと子どもは意欲を失ってしまうかもしれませんし、子どもの要求になんでも応じるのは過保護や過干渉となって健全な心の発達を妨げることにもなりかねません。

　「イヤイヤ」が起こることは発達のうえでとても大切なことだと理解し、子どもと同じ目線ではなく、少し上から眺めるような感覚で、冷静に、おおらかに見守ることが大切です。

イヤイヤ期は自立への第一歩自信や意欲にもつながる

　「第一次反抗期」「イヤイヤ期」とはいうものの、そのベースにあるのは「自分でやりたい」「自分で決めたい」「これ

がいい」という自発性からくるもので、むしろポジティブな思いです。そうした子どもの気持ちを尊重し、少し手を貸しながらも、「すごいね、できたね」と自信をつけてやることが、その後の子どもの自信やさらなる意欲へとつながります。「なんでも自分がやりたい!できる!」と思っているこの時期に、たくさんの「できる」体験を積み重ねていくとよいでしょう。

　また、3歳を過ぎて、徐々に自分の気持ちを言葉で表現できるようになると、いちいち泣いたりわめいたりするよりも言葉のほうが伝わりやすい、ということがわかってきます。そうして子どもは、「イヤイヤ期」を卒業します。

じゃあ○○公園に行こう

ここじゃなくてブランコの公園がいい!

「イヤイヤ」への対処法

「イヤイヤ」が始まったら ①

⭕ まずは「イヤイヤ」が起こる理由を思い出してみる。

自己主張できるようになったのね。これも成長のしるしだ

❌ 親自身が否定されていると思い込む。

「イヤイヤ」が始まったら ②

⭕ 子どものイヤイヤの理由を想像し、その気持ちを言葉にしてあげる。

チャックを自分で閉めたかったから、くやしいのかな?

違う洋服がよかったから、悲しいのかな?

❌ 「ちゃんと言わなきゃわからないでしょ!」と怒る。

子どもがまだ自分で十分にできないことをやりたがったら

⭕ 危ないことでなければ見守ってやらせる。子どものやりたい気持ちを応援する。あるいは、少しだけ手伝って子どもができる部分をやらせてあげる。

最初だけママがお手伝いするよ

すごい!できたね!

❌ できないからと、全部やってあげる。

子どもが何かをできたら

⭕ すかさず口に出してほめる。「イヤイヤ」以外の場面にもしっかり注目してあげる。

おかたづけできたねーすごいねー

❌ 気づいてもスルーする。

日頃からの「応答的な関わり」で不要な対立を生まない

かんしゃくを起こしやすい親子の関わりを観察していると、
互いに対立関係を誘いやすい関係になっていることがよくあります。
たとえば、次のやりとりを比べてみましょう。似ているようで大きな違いがあります。

幼児期

パターンA

母 何して遊ぶ？

子 うーん、わかんない

母 早く決めないと、ごはんの時間になっちゃうよ

子 砂場！

母 砂場で遊ぶの？じゃあスコップ持ってきて

子 どこにあるの？

母 玄関のところにこの間置きっぱなしにしてたじゃない

子 わかんない！

パターンB

母 何して遊ぶ？

子 うーん、わかんない

母 砂場に行ってみる？

子 うん！

母 わー、だれか大きな山を作ってるね

子 ほんとだ！ トンネル作る！

母 そうだね、トンネル作るといいね

子 大きなスコップで掘るよ！

子どもの気持ちを尊重できているのはどちらでしょう？

Aでは親が主導権を握っています。時間がない、道具はあそこにある、うまくいかないと叱る、といった具合です。こうしたやりとりのなかにいる子どもは、楽しい状況ではないため、しだいにぐずぐずしてきます。すると、そのぐずぐずがきっかけになってまた親は小言を言うことになり、険悪な時間だけを積み重ねることになってしまいます。

一方、Bは、親が子どもの行動に注目して、サポートしているのがわかります。言い換えれば、子どもの求めていることをくみ取って受け止めるという「応答的な態度」で接しています。子どものやることを理解して、「それはいいね」と支持してあげることは、子どもにとって何より嬉しいことです。子どもはゆったりした気持ちになり、かんしゃくを起こすことも少なくなります。

子どもへの「応答的な関わり」は、幼児期だけでなく、児童期、青年期になっても必要なことで、子育てにおける最も基本的な態度といえます。次の思春期の親子のパターンCとパターンDのやりとりを比較してみましょう。会話のスタートは同じなのに、途中から雲行きがあやしくなってくるのはなぜでしょうか?

思春期

パターンC

母：今日は日曜日だけど、家族でどこかに行こうか

子：うーん、どうしようかな

母：また、そうやってだらだらしていると、すぐ夕方になっちゃうよ

子：じゃあ買い物!

母：また? 何を買うの?

子：何か買ったっけ?

母：この間買ったやつ、ほら、そこのベッドに引っかかっているやつ

子：違うよ! 最近買ったんじゃないよ!

パターンD

母：今日は日曜日だけど、家族でどこかに行こうか

子：うーん、どうしようかな

母：家でゆっくりしたい?

子：うーん、買い物!

母：何に興味があるの? そういえば駅前に大きなお店ができたって

子：ほんと?

母：どんなお店か行ってみようか

子：うん!

成長しても引き続き「応答的な態度」で接する

Cの親は子どもの話を聞いているようで、自分の態度が先に出ています。すぐにトゲトゲした雰囲気にしてしまう親は先にレールを敷きすぎて、子どもがそのレールに乗ることを期待し、レールから外れるとイライラしてしまいます。「○○したのに××しないじゃない」というパターンです。

Dの親は、子どものようすや気持ちに寄り添おうとしています。子どものようすをよく見て「△△だったら、□□しようか」といったパターンです。なんでもOKサインを出し甘やかすこととは異なります。子どもの気持ちや考えを先入観なく聞くという態度が「応答的な態度」であり、子どもの気持ちを和やかなものにします。

心を込めた応答性と感受性のあるコミュニケーションが子どもの心を育て、親子の絆をより深めます。

自己主張が強い幼児期。後期になると自己抑制も

「あれがしたい!」「これがほしい!」と
自己主張のかたまりのような幼児も、
少しずつ「がまん」や「ゆずる」を覚えていきます。

自己制御には、「自己主張」と「自己抑制」がある

3歳を過ぎてくると徐々に言葉で要求を表現できるようになっていき、「イヤだけどがまんする」ことも少しずつ覚えていきます。このように自分の行動や行為をコントロールすることを「自己制御」といいます。自己制御は、自分のしたいことや意見を積極的に相手に伝える「自己主張」と、相手のために自分の行動を抑える「自己抑制」の2つの側面があります。

「自己主張」は先に急激に「自己抑制」はゆっくり発達する

3歳から6歳までの幼稚園児の自己主張と自己抑制がどのように発達するかを調査した研究があります（柏木,1988）。

それによると、自己主張は3歳から4歳までに急激に増加し、その後はゆっくり発達していきます。これは親のしつけや、他者と自分の言い分に折り合いをつけることができるようになることで抑制されるためであると考えられます。

一方、自己抑制は、3歳から6歳にかけて徐々に発達していきます。保育園や幼稚園で多くの子どもたちが生活するなかで、ルールを守ったり、相手に配慮したりすることが求められるためだと考えられます。

自己主張と自己抑制は両方バランスよく育てる

自己抑制能力が発達してくると、親の言うことに素直にしたがったり、友達とのやりとりで相手に遠慮したりということもできるようになります。こうした行動は成長のしるしであり、よいことではありますが、自己主張をせず、すべて親の言いなりになる、なんでも友達にゆずる、といった極端な形になると、健全とはいえません。

幼児期には、自己主張と自己抑制の両方の力をバランスよく育てることが大切なのです。

「自己主張」と「自己抑制」はバランスが大事

自己主張

`3〜4歳までに急激に発達`

自分の要求や意見を相手に伝えること。

● 他の子を誘って遊ぶ
● 自分がやりたいことや嫌なことを伝える
など

自己抑制

`3〜6歳の間にゆっくり発達`

相手のために自分の欲求や行動を抑えること。

● 先に友達にゆずる
● ほしいものがあっても待てる
● 決まりを守れる　● 感情を爆発させない
など

自己抑制がまだ十分に発達していない年齢では、友達同士のトラブルも多くなりがちだが、自己抑制の発達とともに、自己主張と自己抑制のバランスがとれ、仲間関係が構築されていく。

自己主張と自己抑制について親が期待することは、世界共通ではない

　子どもの発達に期待することは、文化の影響を受けることが知られています。たとえば、アメリカの母親は日本の母親に比べて、自分の考えを他者にきちんと主張できることに重きを置くのに対して、日本の母親は自己抑制を重視するとの報告があります。

　自己抑制が年齢とともに増加するのは、日本の文化的価値観が影響していると考えられます。一方で、規範を強く示すことに偏りすぎて子どもの気持ちを否定してしまうと、自己の発達が妨げられる可能性も指摘されています。

自己意識の発達で
感情にも変化が出てくる

幼児期の子どもは、友達やきょうだいとの関わりのなかで、
さまざまな感情を経験しながら
自分というものを理解していくようになります。

生後6か月頃までに
基本的な感情を獲得する

　幼児期になると、親との関わり以外に、友達やきょうだいとの関わりも増えていきます。人との関わりが増えていくなかで、子どもたちの感情はどのように発達していくのでしょうか。

　ルイス（Lewis）によれば、生後6か月頃には、「喜び」「悲しみ」「嫌悪」「驚き」「怒り」「恐れ」などの基本的な感情が芽生え、その後2、3年ほどの間に、より複雑な感情を獲得していくとされています（➡右図）。

自己意識の発達で
感情も変わってくる

　1歳半頃になると、鏡を見て自分だとわかるようになります（➡P94）。自己意識の芽生えです。自己意識の発達により、1歳後半頃には「照れ」「羨望」「共感」といった、他者を意識した感情が現れます。

　その後、子どもたちは、生活の中でさまざまな規則や基準を学び、「してよいこと」「してはいけないこと」などを少しずつ理解していきます。これにともなって2、3歳頃には、「誇り」「恥」「罪悪感」といった感情も見られるようになります。

　1歳後半頃から獲得するとされる、これらの感情は、「自己意識的感情」とよばれます。

　この時期の感情の発達には、他者と自分の関係づけが大きく影響しています。友達やきょうだいなど他者との関わりの範囲が広がるとともに、幼児期の子どもは実に多様な感情を経験していくのです。

　その後、他者との関わりが増え、自己を統制する力が育つことなどとも関連して、自分を客観的に、また他者と異なる存在として意識できるようになります。自分を表す言葉も増えていきます。小学校に入るようになると、社会的に他者と比較する機会が多くなり、自己意識の発達もさらに質的に変化していきます。

ルイスによる3歳までの感情の発達

基本的な感情（一次的感情）

生まれたとき	人は苦痛、満足、興味の3つの感情をすでに備えている。
3か月頃	苦痛から悲しみと嫌悪が、満足から喜びが芽生える。
6か月頃	嫌悪から怒りと恐怖が、興味から驚きが芽生える。

苦痛　満足　興味

悲しみ　嫌悪　喜び

怒り　恐怖　驚き

自己意識的感情（二次的感情）

1歳後半頃

照れ
羨望
共感

自己意識の発達

鏡を見て自分だとわかるなど、自分を意識することで、他者も意識するようになる。

2歳半～3歳頃

自己評価の発達

社会的な規則や基準の獲得を意味する。つまり、してよいことと悪いことの区別を理解し始める。

誇り
恥
罪悪感

自己鏡映象認知が成立していると、「照れ」の感情が出やすい

　ルイスは、平均月齢が22か月の子どもを対象に、ルージュテスト（➡P94）を行ったうえで、さまざまな場面（たとえば、見知らぬ人が近づく、大げさにほめられる、踊るように言われるなど）で、照れや気まずさを表出する子どもの割合を調べました。

　すると、自己鏡映像認知（➡P94）が成立しているグループのほうが、成立していないグループよりもずっと多く、照れや気まずさを表しました。

他者の気持ちがわかる
ようになるのは何歳頃から?

幼児はどのくらい他者の気持ちがわかるのでしょうか?
相手の気持ちを推察する能力のことを「心の理論」といい、
下記のような「誤信念課題」を用いて調べられています。

誤信念課題「サリー・アン課題」

次のお話を聞いて、質問に答えましょう。

1 部屋の中にサリーとアンがいます。
サリーはカゴを、アンは箱を持っています。

2 サリーがボールをカゴの中に入れました。

3 サリーは部屋を出て散歩に行きました。

4 アンはサリーのカゴからボールを取り出し、
自分の箱の中にしまいました。

5 そこにサリーが戻ってきました。
サリーはボールで遊びたいようです。

では質問です。
① サリーはどこを探すと思いますか?
（信念質問）
② ボールは今どこにありますか?
（現実質問）
③ 最初ボールはどこにありましたか?
（記憶質問）

結果

3歳児の多くは①の信念質問に「箱」と答えてしまう。
ただし、②の現実質問と③の記憶質問には正しく答えられる場合が多い。

正解	①…カゴ
②…箱	③…カゴ

「心の理論」と「誤信念課題」

「あの人はなぜ、こんな行動をとったんだろう」「きっとこう思ったからそうしたんだろう」など、人はだれでも、他者の心をあれこれ推測しています。このように、ある状況になったときにその人はどう考えるかを類推し、理解できる能力のことを、「心の理論」とよんでいます。

「心の理論」を持つということは、心の状態に基づいて行動を理解したり、予測したり、また説明したりできることを意味します。そして、他者の心の状態を理解するためには、他者が誤った信念（誤信念）を持つことを理解することなどが必要であると考えられ、それを検証する実験が提案されました。この課題を「誤信念課題」とよびます。なかでも有名な課題に、バロン＝コーエン（Baron-Cohen）が考案したサリー・アン課題があります（➡左図）。

「心の理論」を獲得するのはおおむね4歳以降

左の課題では、3歳までの子どものほとんどが、①の質問に「箱」と間違って答えます。これは自分が見知った現実（ボールはアンの箱の中にある）と、サリーが知っている現実とは違う

こと（ボールはカゴに入れたままである）を考え合わせることができないためです。

この課題の正答率は4歳から7歳にかけて徐々に上がっていきます。すなわち、「自分の思うこと（信念）は現実世界のあり方と食い違う可能性がある」ということを理解できるのは、4、5歳頃からということになります。

ただし近年は、誤信念はより早い段階ですでに理解しているとする研究もあり、心の理論の始まりの時期についての議論も進められています。

なお、心の理論は、児童期以降さらに発達します。そのためこのページの心の理論は「一次の心の理論」とよばれ、より複雑な心の理論は「二次の心の理論」とよばれます（➡P162）。

心の理論を十分獲得するとウソがつけるようになる

ウソをつくためには、相手の気持ちを想像する力と、その相手の気持ちを自分の意図する方向へ修正する力という、2つの力が必要です。そのため、心の理論を獲得する前や獲得し始めたころはまだ上手にウソをつけず、一般に5歳以上になるとウソが上手になってくるようです。

親や友達とのやりとりを通して感情の意味を理解していく

3歳頃までには、おもな感情を持つようになる子どもたち。
それらの感情を、言葉で理解したり表現したりできるようになるには、
周囲の大人の働きかけが必要です。

ポジティブな感情語よりもネガティブな感情語が多い

乳児期には泣いたり、笑ったり、身体を使ったりすることで気持ちを表していた子どもも、言葉の発達にともなって、さまざまな気持ちを言葉で表現できるようになっていきます。

感情語の発達については、いくつかの研究の蓄積から次のように考えられます。

1歳になると、「いや」「こわい」というネガティブな言葉が出現するほか、「おもしろい」「いい」といったポジティブな言葉、そして「ごめん」といったポジティブでもネガティブない言葉が見られるようになります。

2歳以上になるとボキャブラリーが増え始め、3歳では、怒り（だめ）、嫌悪（いや、きたない）、恐れ（こわい）、困惑（どうしよう）などのネガティブな感情が分化するほか、好み（かわいい）、喜び（おもしろい）などのポジティブな言葉が見られるようになります。

3歳くらいになると、同情、驚き、忍耐などの感情も表現するようになります。

4歳では仲間遊びにおいて特にネガティブな感情を含むやりとりが見られるようになり、5歳ではさらにネガティブな感情のボキャブラリーが多くなります。ネガティブな感情が増加する理由は、幼稚園や保育園などにおける他者との葛藤が増え、情緒的な関わりをしているからだと考えられます。

大人の「応答的な関わり」が感情のバリエーションを増やす

このような気持ちを表す言葉は、周りの人たちとの関わりの中で育まれます。親や友達との関わりを通して自然に身につく部分もありますが、より豊かな感情表現を身につけるためには、周囲の大人の働きかけがとても大切です。

たとえば友達と遊んで楽しかったときに「楽しかったね」と声をかけられたり、プレゼントの包みを開けるとき

「わくわくするね!」と言われたりすることで、子どもの中にわき起こっている気持ちと言葉が結びついていきます。

大人が気持ちに適切な言葉を授けていくことで、子どもたちはさまざまな感情を理解していくのです。「わくわく」「ドキドキ」「イライラ」「がっかり」「ほっとする」「すがすがしい」「しあわせ」「やる気がでてきた」など、気持ちを表す言葉はたくさんあります。

親や周りの大人が「ムリ」「ヤバイ」「ウザい」「疲れた」などのネガティブな言葉ばかりでは、子どもはポジティブな言葉をなかなか身につけられません。大人自身が豊かな言葉で過ごすように心がけることが重要です。

友達の気持ちがわからない?

107ページでも述べたように、心の理論を獲得する前の4歳までの子どもは、「自分が知っていることは相手も知っている」と思い、自分の心と他者の心の区別ができていません。そのため基本的には幼児期の子どもは、他者の気持ちを推測することは難しいものです。ですから、他者の気持ちについても、「○○君はくやしかったんじゃないかな?」などと、周囲の大人が言語化してあげることで、他者にも気持ちがあるということを学んでいきます。絵本を見ながら、さまざまな登場人物の気持ちを一緒に考えるのもよいでしょう。

大人が感情を表す言葉を授けることで、感情を理解していく

さまざま感情を何度も経験し、適切に言葉を授けてもらうことで、感情のボキャブラリーが増え、豊かな感情表現が身についていく。ポジティブな感情表現を身につけるためには、実際にポジティブな感情体験を積み重ねることも大事。

感情をスキルとしてとらえ、子どもの「感情力」を伸ばす

感情をうまく表現したり制御したりすることは、
他者とともに社会で生きていくためにはとても大切です。
近年「感情力」が注目されています。

感情をスキルとしてとらえる感情コンピテンスという考え方

人と人とがともに生きていく社会では、自分や他者の感情は非常に重要なものです。自分や他者の感情に気づいて適応していくことは、日常のさまざまな場面で必要となるからです。近年「感情コンピテンス」という考え方に注目が集まっています。これは、感情についての潜在的な能力のことで、おもに次の3つの側面で考えられています。

①感情理解（自分と相手の気持ちに気づき、理解する能力）

②感情表出（感情を適切な方法で表現する能力）

③感情制御（状況に合わせて感情をコントロールする能力）

感情は理屈ではわからない複雑なものではなく、右ページに示したような教えられる「スキル」ととらえることもでき、能動的に学ぶことができるという意図から「感情リテラシー」とよばれたりもしています（渡辺, 2019）。

学校という新たな環境に適応するために必要なこと

幼児期における感情コンピテンスの獲得は、社会的コンピテンスの習得へと結びつきます。社会的コンピテンスとは、他者との関係において、効果的に相互交渉を行う能力のことです。

幼児期も終わりのころになると、小学校入学のための準備が行われるようになります。就学準備は従来、ひらがなの読み書きや数字の理解など「学ぶための準備」が重要視されてきました。しかし学校生活では学びだけでなく社会的な側面も非常に大きなものです。

そこで近年では、教室のルールを理解することや、クラスメートとうまくやっていくなどの「学校の環境に適応するための準備」という側面にも注目が高まってきています。

就学準備としての感情教育の重要性

感情・社会的コンピテンスを習得す

ることは、修学後の環境適応や学力向上に影響を与えることが複数の研究で指摘されています。

　対人関係を築いたり、感情をある程度調整する力が育まれると、小学校に入学しても、アクティブラーニングが基本の授業にも適応でき、先生やクラスメートと良好な関係を築けます。学びの活動に意欲的に取り組め、また仲間に受け入れられることは、授業への集中力や理解が高まるなどポジティブな影響があります。そのことから、結果的に学力の成果やメンタルヘルスにつながっていくと考えられています。

　一方、習得が不十分であると、他者とのコミュニケーションで誤解が生じやすい、仲間に受け入れられにくい、教師によるソーシャルスキルの評価が低い、などネガティブな影響があるといわれています。

感情コンピテンスの8つのスキル

(Saarni,1999)

1 自分の感情を知覚する

2 他人の感情を区別する

3 感情を述べる

4 他人の経験に共感する

5 心のうちにある感情状態と外への表現との違いに気づく

6 嫌悪の感情に対処する

7 対人関係において感情の役割を知覚する

8 感情についての自己効力に関する能力

感情コンピテンスを獲得すると、自分の感情の管理をすることができ、ストレスのある状況において自尊心を高めたり、レジリエンス（➡P154）を高めたりできると考えられている。

ソーシャル・エモーショナル・ラーニング

感情や社会性を身につけると 学びの意欲も高まる

子どもが感情・社会的コンピテンスを身につけ、
生活の中で応用できるようにする学びのあり方は
「ソーシャル・エモーショナル・ラーニング」とよばれています。

感情・社会的コンピテンスを 身につけるには？

感情コンピテンスや社会的コンピテンスを身につけるためには、幼少期から社会性や感情力を育む良質の関わり方が求められます。108ページでも述べたように、親の意識的な言葉の働きかけはもちろんですが、幼少期からさまざまな人と関わり、いろいろな体験を積み重ねるなかで、意識せずに習得していくものでもあります。

とはいえ、それだけでは十分な感情力が育たない現状や、子どもが置かれている環境によって習得に差もあります。そこで、近年は、これらの能力を意識的に学ぶという試みが注目されています。

ソーシャル・エモーショナル・ ラーニングとは

そのひとつが、「ソーシャル・エモ

非認知能力の発達が人生に影響を与える？

1960年代にアメリカで開始された「ペリー就学前プロジェクト」という調査があります。これは低所得層の家庭の幼児を対象に、感情や社会性などの発達に重点を置いた就学前教育を30週間継続して行ったグループと行われなかったグループ、それぞれを追跡調査したものです。これによると、就学前教育を受けた子どもたちは、基礎学力の達成率や高校卒業率が高くなっており、さらに40歳の時点で経済的に安定し、逮捕率が低いという結果が示されました。これらの違いは、IQの違いだけでは説明できず、自制心、粘り強さ、学習意欲などといった「非認知能力」の重要性が指摘されています。

また、経済協力開発機構（OECD）は、非認知能力を「社会情動的スキル」とよび、感情に関わるスキルを含めてまとめています。このスキルは、身体の健康度、メンタルヘルス、問題行動の少なさを予測できると分析しています。

ーショナル・ラーニング（以下SEL）」です。

SELとは、子どもがアイデンティティを健やかに発達させ、感情をマネジメントし、個人や集団の目標を達成し、他人に思いやりを示し、支え合う人間関係を築き、維持し、責任ある決断をするための知識・スキル・態度を習得するプロセスと定義されています。

SELでは、5つのコアとなるスキルが提案されており（➡下図）、これらを獲得することは、それ以降の学びやメンタルヘルスを高めます。

現在では、5つのコアスキルを育てるプログラムがたくさん紹介されています。SELの流れは、欧米が中心となっていますが、近年は日本の学校でも導入され始めています。

ソーシャル・エモーショナル・ラーニングの5つのコアスキル

（渡辺, 2021）

自己の理解

自分の気持ち、考え、価値観などを正しく認識すること。また、認識した自分の感情をきちんと区別できて、そのときに望ましい行動を理解し、具体的な方法を選択する。自分の姿を正しくとらえ、自分の強みを自信や自己効力感につなげていく。

自己マネジメント

状況に応じて、自分の気持ちや考え、行動をうまく調節すること。自分のストレスや衝動性にうまく応答して、自身をやる気にさせる力ともいえる。

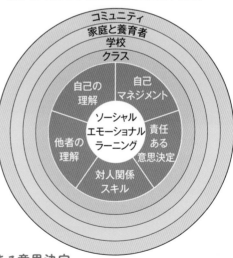

他者の理解

多様なバックグラウンドを持つ他人の立場に立ち、共感できること。また、社会の基準やモラルを理解して行動したり、家庭、学校、さらに地域のリソースや支援のあり方について理解したりすること。役割取得、共感、理解の多様性、他者に敬意を示す力も含まれる。

対人関係スキル

さまざまな人や集団と関係を構築して維持すること。コミュニケーションを通じて協力し、不適切な社会的圧力など、葛藤が生じても建設的に乗り越える。

責任ある意思決定

個人の行動、社会的なやりとりを、道徳や安全性、社会的規範や関心に基づいて建設的に選択することや、さまざまな行動の結果について、自分だけでなく他人のウェルビーイングもふまえて現実的に評価できること。具体的には、問題が何かを同定し、状況を分析し、実際に解決するスキルをいう。

けんかも対人スキルを学ぶ経験のひとつ

幼児期のけんかは健全な発達にとって大変重要です。
子どもはけんかを通して、
対人関係において大切なことを学んでいきます。

けんかやいざこざの原因はソーシャルスキルの未熟さ

3、4歳頃になると、多くの子どもが保育園や幼稚園などで同じ年頃の子と楽しく遊ぶようになる一方で、けんかやいざこざも増えてきます。

幼児期のいざこざについての多くの研究によると、いざこざの原因は、物や場所のひとりじめや、悪口などの不快な働きかけが原因となることが多いようです。年齢が上がるにつれ、規則や順番を守らないことによるいざこざも増え、年中や年長のクラスになると、「○○ちゃんずるい」「順番だよ」「先生がダメだって言ってたよ」などといった言葉が飛び交うようになります。

これまでの説明でもあるように、幼児においては、他人の気持ちを考えることや、自分のことを客観的に見ることが難しく（自己中心性➡P84）、葛藤やけんかをどのように解決すればよいかもまだ学んでいません。親はけんかの原因を、「うちの子は我が強いから」「負けず嫌いだから」など子どもの性格によるものととらえがちですが、ソーシャルスキルが未熟であるためと理解し、友達との関わり方を教える必要があります。

けんかを通して友達との関わり方を学ぶ

幼児のけんかは、健全な発達にとって大切な意味があります。互いにぶつかり合うことを通して、相手が自分と異なる考えを持っていることに気づけるからです。

また、けんかを解決するためには、相手の意見を聞いたり、相手の立場で想像したりすることが必要であることを、体験から学んでいきます。友達とよい関係を築くために、思いやりや配慮、ときにはがまんが大切だということも、だんだんわかるようになっていきます。このような経験を重ねることで、脱中心化（➡P90）がなされていき、他者とともに生きていくための基礎を作っていくのです。

幼児のけんか・いざこざの主張の解決と仕方

けんかやいざこざの原因はさまざまですが、それを収める方法は年齢とともに変わり、
年中・年長クラスになってくると、子ども同士での解決も見られるようになってきます。

たとえばおもちゃの取り合いをしている場面

2、3歳だと

言葉でも主張するが、相手を押しやる、おもちゃを持って逃げるなど、行動での主張も多い。

年齢が上がるにつれて

言葉での主張がより多様化し、理由をつけて自己主張したり、解決案を提示したりと、子ども同士で解決しようという場面も増えてくる。

子どものけんかに必要以上に介入しない

　けんかを目の当たりにすると、大人はつい口出ししたくなりがちです。でも「相手の気持ちを考えて」と注意したとしても、自分と考えの違う相手の気持ちを理解することは幼児期の子どもにとってはまだ難しいことです。モデルとなる解決方法があれば、親が見本を示してあげるとよいでしょう。

　また大人が必要以上に介入することは、子ども同士で問題を解決するチャンスを奪うことになりかねません。緊急の介入が必要なのは、身体的な暴力などの傷害が予想されるときのみで、物を取り合うことや、一時的な仲間はずれ、ささいな口げんかなどは、経過を見守ることが大切です。

よいことと悪いことは どうやって教える？

赤ちゃんから幼児期になると、親もしつけについての意識が強くなり、
子どもを叱ってしまう場面も増えてくるかもしれません。
しかし、「叱る」ことは本当に有効な方法でしょうか？

しつけとは？

そもそも「しつけ」と「叱ること」は違うものです。しつけとは、「できないことを叱る」ことではなく、「生活動作や礼儀作法、規律、規範等を教える」ことです。「○○したらダメ」ではなく、「○○しようね」と教えていくのが、しつけです。

また、その場だけ言い聞かせられればよいわけではなく、本来の目的は、子どもが社会で生きていくうえで、「自分自身で判断して行動する力」を身につけることです。きつく叱って単に言うことを聞かせるだけでは、この力は育ちません。

理由を説明して 具体的に教える

では、どのようにすればよいのでしょうか？

それは、具体的なアドバイスをしてあげることです。「叱る」のではなく「教える」ことで、子どもは自分の行動を改め、その場の経験から学ぶことができるようになります。

たとえば、おもちゃの取り合いで、友達をたたいたなら、「たたいちゃダメ」の後に、「たたいたら痛いよね。たたかないで『貸して』って言おうね」などと言い添えることです。親の知恵をちょっと授けてあげるのです。「○○してごらん」「○○するといいよ」「○○しようね」など、具体的にどうすべきか教えれば、子どもはごく自然に行動することができます。

危険な行動に対しても「ダメ！」「やめなさい！」と注意するだけで、「なぜダメなのか」「やるとどう危険なのか」を説明しないと、子どもはそれを知る術がありません。親からの説明があってはじめて、子どもはその理由を学ぶことができます。

このような「説明的・誘導的なしつけ」が効果的であることは、これまでの心理学の研究でも実証されています（➡右図）。

しつけの3つのタイプ

ホフマン（Hoffman）によると、しつけには3つのタイプがあるといいます。このしつけの3タイプは長い期間にわたって実際に調査されており、「説明的・誘導的なしつけ」が思いやりを育てるうえで最も効果的であることが実証されています。

1 力によるしつけ

頭ごなしに怒ったり、体罰を与えるなど、力によって子どもの行動を制する。子どもの罰に対する恐れの感情を利用したしつけ。

▼

子どもは「怖いから」やめるが、「怖い人」がいなければやってしまうという態度になる。

今度やったらただじゃおかないぞ！

は、はい……

2 愛情の除去によるしつけ

よいことをしたときは「あなたが大好き」と喜び、悪いことをしたときは「そんなことをする子は嫌い」というように、愛情や承認、サポートを与えない方法。「親から見捨てられるのでは」という子どもの恐れを利用したしつけ。

▼

親に好かれようと、その場では言うことを聞くが、親の顔色を見て動くようになる。

そんな子嫌い！

ママー！

いずれも即効性はあるが、弊害が大きい。具体的に教えてもらっていないので、善悪の判断を心の中に深く刻み込めない。

3 説明的・誘導的なしつけ

守らないと、どのような困った事態が起きるのか、なぜそうすることが必要なのかを、子どもが理解できるように繰り返して説明するしつけ。

▼

繰り返し教えてもらううちに、心の中にしっかり刻み込まれていく。また、この方法は、子どもの優しさや思いやりを育むことにもつながる。

たたいたらダメ。たたいたら痛いよね

……

うん！

たたかないで「貸して」って言おうね

即効性はないが、しつけとして最も効果的。

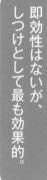

子どもは親や友達を見て学ぶ

よいことと悪いことを子どもに教える場合、
親などがモデルとなって「お手本」を見せる
「モデリング」という方法も効果的です。

子どもは周りの人を観察してさまざまなことを学ぶ

人が何かを学習するとき、その多くは「経験」に基づいています。たとえば、犬に吠えられて怖い思いをしたら、「犬は怖い」と学習して近づかないようになりますし、逆に犬とふれあって楽しい思いをしたら、「犬と遊ぶのは楽しい」と学習し、次も積極的に近づこうとします。

この「経験」による学習は、自分自身が直接経験したことだけでなく、他者の行動を見ることでも成立します。こうした学習の仕方を、「モデリング」あるいは「観察学習」とよびます。

親自身が意識して望ましい行動をする

子どもはよく親のことを見ています。そして、おままごとなどで、普段親が言っていることを再現したりするように、よく親のまねをしています。親は子どもにとって、とても影響力のあるモデルなのです。子どもはただ単に行動や言葉をまねしているのではなく、親の表情や行動を見て社会のルールや善悪を学んだり、危険かどうかを判断したりしています。

ですから、それを意識して親は行動する必要があるでしょう。たとえば、「怒っちゃダメ!」と怒鳴っている親の姿から「怒ってはいけない」ということは学べないでしょうし、親の言葉づかいが悪ければ子どもはそれをまねするのです。

きょうだいや友達、キャラクターもお手本になる

親などの身近な大人はもちろん、きょうだいや友達も影響力のあるモデルになります(➡右図)。また、絵本やアニメのキャラクターなどをモデルにする方法もあります。キャラクターのしたことを「あれはすばらしいことだね」「これはやってはいけないことだよね」などとコメントつけて教えてあげることも有効な手段のひとつです。

他者の行動を観察して学ぶ

片づけないと
怒られるんだ

片づけたら
ほめられるんだ

お片づけ
できて
えらいわ!

親が挨拶する姿を観察して、
「挨拶する」という行動を学ぶ。

きょうだいや友達がほめられているのを見て、その行動を手本にしたり、逆に叱られているのを見て、その行動を避けようとしたりする。

観察学習の効果を実証した「ボボ人形実験」

観察学習（モデリング）を提唱したバンデューラ（Bandura）は、風船のように膨らませた「ボボ人形」を使い、子どもを対象に、観察学習による攻撃行動が成立するかどうかを調べました。

実験は、右図のように、大人がボボ人形に攻撃する場面を見る「実験群」と、大人がボボ人形と穏やかに遊ぶ場面を見る「対象群」とに分け、その後、子どもたちがボボ人形のある部屋でどのように振る舞うかを調べました。その結果、攻撃する映像を見た実験群の子どもたちは、対象群よりも、目に見えて攻撃的に振る舞いました。これは、子どもたちが観察学習をした結果だと考えられます。

[実験群]
大人が人形に攻撃している映像を見せた。

人形に攻撃する子が多かった。

[対象群]
大人が人形に攻撃せず、穏やかに遊んでいる映像を見せた。

人形に攻撃する子は少なかった。

性役割

男女の好みの違いは どうして生まれるのか

男女で遊びが異なるのはホルモンの影響もあるといわれています。
一方「女らしさ」や「男らしさ」というステレオタイプの知識は、
生活の中のさまざまな場面から大きな影響を受けます。

3歳頃までに 性別の違いを認識する

　生物医学的な男女の違いを「セックス」というのに対して、社会的・文化的な性の違いを「ジェンダー」とよび、区別されています。人の発達を考えるうえで「ジェンダー」は大きな影響を持っていますが、子どもたちは、いつごろから、「私は女の子」「ぼくは男の子」という認識を持つのでしょうか?

　コールバーグ（Kohlberg）によれば、3歳を過ぎるころまでには、人は男性か女性かに区別され、自分もそのどちらかであること（性の同一性）を理解し、次の段階では、その性は大人になっても変わらないこと（性の安定性）、5歳頃には着る服や行動を変えても性は変わらないこと（性の一貫性）を理解するといいます。

　一方で、幼児期から自分の生物学的な性に違和感を覚える子どももいます。

性概念の理解の発達

性の同一性 ➡ **性の安定性** ➡ **性の一貫性**

3歳を過ぎるころまでに、男女の区別を知り、自分もそのどちらかであることを理解する。

大きくなっても性は変わらないことを知る。

5歳頃には、服装や行動を変えても性は変わらないことを理解する。

「女らしさ」や「男らしさ」は育つ環境で獲得される

幼児の男女の遊びを観察すると、男の子の遊びには戦いや競争をともなうごっこ遊びが多く、女の子の遊びには家庭をテーマにした平和的なごっこ遊びが多い傾向があります。この違いの一因として、ホルモンの影響が指摘されています。男性ホルモンが過剰に形成される先天性副腎過形成症の女児は、男子に典型的な遊びをする傾向があることがわかっています。

一方で、子どもたちは「女らしさ」や「男らしさ」についての知識を、家庭での生活や保育園、幼稚園などで獲得していくとされます。テレビ番組やおもちゃ、子どもの歌などからの影響も大きいでしょう。たとえば、料理や洗濯をするのは女性がするものである、

ステレオタイプにとらわれずに子どもの「好き」を尊重することが大事。

運転士は男性の職業である、といったステレオタイプを、知らず知らずのうちに身につけてしまうのです。また、「性役割」は、その社会の文化や時代によっても異なります。

近年では、固定的な性別による役割分担にとらわれないで、自分の能力を生かして自由に行動や生活できることを目指す「ジェンダーフリー」という考え方が浸透し、保育や教育の現場でも重視されています。

日常のさまざまなところに隠れたステレオタイプ

男の子なんだから泣かないの！

女の子用はピンクとかフリフリばっかり…

メディアは子どもの発達に どう影響を与えるのか

生活に深く根づいている電子メディア。
発達への悪影響を過度に心配することはありませんが、
よいコンテンツを選び、視聴方法を工夫する必要はあります。

現代の子どもたちは どれくらいメディアに接している?

NHK放送文化研究所の調査によると、2〜6歳の幼児が1日にテレビを視聴する時間(リアルタイム視聴)は、1時間3分、テレビ番組の録画やDVDの視聴は25分、インターネット動画の視聴が16分となっています(2019年6月「幼児視聴率調査」より)。他のさまざまな調査なども含めて考えると、幼児の電子メディアの合計視聴時間は、平均で2時間程度だと推測されます。

しかし、これは平均的な数字で、乳幼児の23%が、テレビのリアルタイム視聴だけで、1日に3時間以上テレビを見ているというデータもあります(ベネッセ教育総合研究所「第2回乳幼児の親子のメディア活用調査報告書(2017年調査)」より)。

長時間の メディア視聴の影響は?

長時間のメディア視聴については、視力の低下や生活習慣、社会的発達にネガティブな影響をもたらすという報告が少なくありません。しかし、研究自体の難しさもあり、相関関係は示すものの、テレビやスマートフォンなどを長時間見ることが原因となって子どもの言語の発達や生活習慣への問題が生じるといった因果関係ははっきり示されてはいないのが現状です。

近年では、メディアの視聴時間と子どもの発達の背後には、親の養育態度や生活のスタイル、価値観などの要因が関わっていることがわかってきました。テレビなどの視聴時間が長ければ、おのずと外で遊んだり、絵本を読んだりする時間が減ることは想像できるでしょう。また、親の視聴時間が長いと子どもの視聴時間も長くなり、親の視聴時間が短ければ子どもの視聴時間も短くなる、という報告もあります。

適切な視聴時間とは?

日本小児科医会は、「2歳までのテレ

ビ・ビデオ視聴は控えましょう」「すべてのメディアへ接触する総時間は、1日2時間までを目安に」などの提言を出しています。

とはいえ、2時間以上見せたからすぐに悪影響が出るということではなく、「1日24時間という限られた時間の中で、睡眠時間、食事の時間、園や学校で過ごす時間、友達と遊ぶ時間などをひくと2時間が限度であろう」というのが、提言の根拠になっています（日本小児科医会ホームページより）。

つまり、視聴時間については「バランスが大事」だといえます。子どもの発達のためには、親子が関わって遊ぶ時間や、手指や全身を使った遊びも欠かせません。メディア以外のさまざまな遊びや親子のコミュニケーションの

時間などを十分に確保しながら、視聴時間を決めていくのがよいでしょう。

コンテンツを適切に選んで適切に視聴する

テレビやスマートフォンなどのメディアは、「どれくらい見るか」よりも「どのように見るか」が大事です。

暴力的な番組の視聴が後の攻撃性に関連しているという報告がある一方、優良なコンテンツは認知発達をうながすという報告もあります。

メディアに接するのがよい・悪いと二元論的に考えるのではなく、どのようなコンテンツをどのくらいの時間、どのような見せ方で見せるのかによって、発達への影響が左右されると考えるのが妥当といえるでしょう。

どちらも「テレビ視聴」には変わりないけれど……

「視聴時間」が同じでも、メディアの「見せ方」「関わり方」が重要といえる。

発達をうながす親子のメディアの見方・選び方

親子で会話をしながら一緒に楽しむ

子どもに質問したり解説したりするなど、絵本の読み聞かせをしている感覚で一緒に視聴すると、語彙やコミュニケーションの発達によい影響を与える。

よいコンテンツを選ぶ

子どもに見せるには不適切なコンテンツがある一方で、教育効果があり、子ども自身も楽しめる優良コンテンツも多い。大人がしっかり選び、よいコンテンツを視聴するようにする。また、動画サイトなどでは不適切なコンテンツを選ばないために、提供元が信頼できるかどうかや、監修がしっかりしているかどうかも確認する。またインターネットの動画は子ども1人で見せないようにする。

メディア視聴以外の時間を十分に確保する

睡眠や食事などの時間を除くと、子どもが自由に過ごせる時間は1日5、6時間。その限られた時間の中で、さまざまな遊びや体験をバランスよく取り入れ、親子のコミュニケーションの時間もしっかりとるようにする。

児童期の発達

・・・・・・・・・・・・・・・・・・・・・・・・・・・・・

幼童期を過ぎると、小学校という
「学びの場」での生活が始まります。
それまで親にべったりだった子どもも、
だんだんと友達を優先するようになり、
「子どもたちの世界」で、さまざまなことを学んでいきます。
小学校1年生から6年生までの
児童期の発達を見ていきます。

児童期はどんな時期？

自己中心性から脱中心化へ 6年間で思考も大きく変化

小学校入学から卒業までの6年間が「児童期」ですが、1年生はまだ幼児期の幼さが残る子も多く、5、6年生だと第二次性徴（➡P188）を迎え、思春期に突入している子も多くいます。

ピアジェの認知発達段階（➡P24）では、小学1年生に該当する7歳頃までが、幼児期と同じ「前操作期」、その後11歳くらいまでが「具体的操作期」、小学5、6年生に該当する11、12歳以上の子は「形式的操作期」にあたります。

もちろんこの年齢通りに思考が急に変化するわけではありませんが、ピアジェの認知発達の4段階のうち3段階が児童期にまたがるということは、こ

児童期の発達とキーワード ＊ ▢ はピアジェの認知発達段階。

	6歳（小学生）	7歳	8歳	9歳
幼児期	児童期			

前操作期　　　　　　　　　具体的操作期

これは□□で××だから、こうなると思うんだ

就学、
小1プロブレム
➡P128

論理的思考の
始まり ➡P130

やる気と
無気力
➡P142〜147

社会的表示
規則の発達
➡P164

ありがとう！

大丈夫
気にして
ないよ

でも本当の
気持ちは
違うかも……

思いやりの
発達 ➡P160

の時期に思考が大きく発達することを象徴しているともいえます。

学校の学習指導要領も4年生頃から、抽象度が増し、難しくなってきます。算数では少数や分数などが登場しますが、こうした抽象度の高い問題にうまく対応できず、学業に支障をきたす子も出てきます。これは「9歳の壁」または「10歳の壁」といわれています。

また学業に限らず、友達との「差」や「違い」が気になり始め、劣等感を抱いたりすることも多くなります。他方、この時期は飛躍の時期とも考えられ、さまざまな肯定的変化も見られます。

友達が大事になる年頃

幼児期とは違う児童期の特徴のひとつとして、本格的な友達づきあいの始まりが挙げられます。小学校中学年くらいになると「親友」とよべる子ができたり、仲のよいグループを作り、強い絆で結ばれるなど、「親より友達！」という時期に突入していきます。

友達や周囲の大人とのやりとりを通し、自分や他者の気持ちに気づき、社会で生きていくためのさまざまなスキルやルールを学んでいきます。

10歳	11歳	12歳（中学生〜）
		青年期

思春期（10歳頃〜16、17歳頃）

形式的操作期

劣等感
➡P148

この問題は間違えやすいんだよな

第二次性徴
➡P188

友達づきあい
➡P156、158

メタ認知
➡P136

もし○○が△△だとしたら…

道徳性の発達
➡P166〜171

抽象的思考の始まり
➡P134

小学校入学は大きな環境の変化。子どもはどう変わる？

子どもたちは、小学校という新しい環境へ足を踏み入れます。
幼児期とは違う集団生活を通して、
社会性を身につけていきます。

遊び中心から勉強中心へ 新しい「ルール」への適応

小学校への入学は、子どもにとっても親にとっても、大きなライフイベントのひとつといえるでしょう。小学校へ入学すると、国語や算数などの教科の「勉強」が始まるとともに、時間割通りに動く、先生の話を静かに聞く、ノートをとる、係や当番の活動をするなど、幼稚園や保育園とは全く違う、さまざまなルールや役割の中で生活していくことになります。

そして学校という集団生活を通して、新しい友達とのつきあい方、先生との話し方など、さまざまなソーシャルスキル（➡P178）を学びます。

学校生活にうまく適応できない「小1プロブレム」とは

「小1プロブレム」という言葉があります。小学校へ入学したばかりの子どもが、「先生の話を聞かない、集団行動ができない、授業中に勝手に立ち歩く、などの状態が数か月続くこと」をいいます。

原因は、生活習慣の変化、家庭の問題、学校生活の変化、発達障害も含めた子ども自身の特性などさまざまありますが、特に大きな原因のひとつとされているのが、幼稚園・保育園の生活と、小学校での生活のギャップです。遊び中心の比較的のびのびとした幼稚園・保育園の生活から、集団での学びの場であり、多くの規律を求められる小学校へ入ると、その環境の変化に対応できないためではないかといわれています。

そこで現在は、各地で「幼保小連携プログラム」が行われるようになっています。就学へのスムーズな支援を目的としたもので、たとえば、保育園や幼稚園の年長クラスでは、小学校の教室を想定して机といすに長い時間座る経験をしたり、小学校では1年生のクラスに補助教員を配置して手のかかる子どものケアをしたりするなど、さまざまな取り組みが行われています。

保育園と小学校の一般的なタイムスケジュール

[**保育園**]

7：00頃	開園 順次登園 自由遊び
9：30	朝の会
10：00	保育 （外遊び、室内遊び、 製作等）
12：00	給食 自由遊び
13：00	お昼寝 自由遊び
15：00	おやつ
15：30	帰りの会
16：00	自由遊び 順次降園
18：30	延長保育 夕食
20：00頃	閉園

[**学校**]

7：30～	順次登校	※8時頃までの 登校が多い
8：20	朝の会	
8：30	朝の活動	
8：45	1時間目	
9：30	休憩	
9：40	2時間目	
10：25	休み時間	
10：40	3時間目	
11：25	休憩	
11：35	4時間目	
12：20	給食	
13：00	昼休み	
13：20	そうじ	
13：40	5時間目	
14：25	帰りの会	
14：35	下校　学童保育	

保育園と小学校のおもな違い

● 登下校時に親のつきそいがなくなる。
● 遊び中心から勉強中心になる。
● 授業時間は45分、給食は20分など、すべての活動が時間割に基づいている。
● 先生1人に対して、児童数が多い。
● 集団行動が増え、それにともなうルールも増える。

※時間割は地域や保育園、学校により異なります。

4章

児童期の発達

見かけにだまされず
論理的に考えられるようになる

ピアジェによれば、児童期は「具体的操作期」にあたります。
この時期の子どもは、ものの見方や理解の仕方に
重要な保存概念を獲得していきます。

具体的操作期には
保存の概念を獲得する

児童期は、思考が質的に変化する時期といわれます。ピアジェの認知発達段階（➡P24）によれば、児童期の7〜11歳頃は「具体的操作期」にあたります。

「前操作期（2〜7歳頃）」（➡P84）に獲得したイメージを浮かべる力（表象能力）を経て、論理的な思考力が発達していきます。数的概念も理解して、重さや長さ、距離などの比較ができるようになります。

具体的操作期の思考の中でも特徴的なのは、あるものの見た目が変わっても、新しく何かを加えたり減らしたりしていない限りは、そのものの重さや数量は変わらないという「保存」の概念が身につくことです。

ピアジェは、右図のような課題を子どもたちに与え、具体的操作期になると保存概念を獲得することを明らかにしました。

見かけにだまされる幼児期
だまされない児童期

前操作期の子どもは、見かけの変化にとらわれ、間違った解答をしがちです。液量の保存課題では、液体の見かけの高さの変化にとらわれ、「容器Cのほうが多い」と答えたり、見かけが細くなって少ないと答えたりする傾向があります。一方、保存概念を獲得した具体的操作期の子どもは、「見かけの液体の形が変わっても、量は変わらない」と正しく答えることができます。

この理由は、①可逆性（元に戻せば同じ）、②同一性（つけ加えたり取り除いたりしていないから同じ）、③相補性（容器が高くなったぶん、底面積が小さくなっているから同じ）という3つの論理的な概念を獲得したからだと考えられます。概念によって、保存の獲得時期には違いがあり、最初に数、次に長さや重さ、9〜10歳を過ぎたあたりから面積や体積の保存の理解ができるようになります。

ピアジェの保存課題

ピアジェは、子どもの保存概念を調べるためにさまざまな課題を考案しました。
そのなかから2つの課題を紹介します。

数の保存課題

1 白と赤のおはじきを同じ間隔で6個ずつ
並べたところを見せる。

2 子どもが見ている前で赤いおはじきの間
隔をあけて列を長くする。

白と赤、どっちのおはじきが多いかな？　それとも同じかな？

赤いおはじきが
多い！

赤いおはじきの列の長さに
だけ注目し、おはじきが増
えたと判断してしまう。

幼児

どっちも同じ！

おはじきの間隔や配置が変
わっても、数は変わらない
ことを理解している。

児童

液量の保存課題

1 同じ形の容器に同じ量の水が入っている
ところを見せる。

2 子どもが見ている前でBに入っていた水
を全部Cの別の形の容器に移し替える。

移し
替える

AとC、水の量が多いのはどっち？　それとも同じかな？

Cが多い！

容器の水の高さのみに注目
して、移し替えたほうが多
いと判断してしまう。

幼児

どっちも同じ！

違う容器に水を移して見た
目が変わっても、量は変わ
らないことを理解している。

児童

自己中心性から脱中心化へ。他者視点で物事を考えられる

具体的操作期の段階になると、他者視点を身につけ、
複数の側面を考慮して物事を考えられるようになります。
ピアジェは、「三つ山課題」でこのことを確かめました。

ピアジェの「三つ山課題」

❶ 図のような3つの異なる特徴を持った山の模型の周りを子どもに歩かせてから、子どもをある面（たとえばA）に座らせる。

❷ 子どもとは別の場所（たとえばC）に人形を置く。

❸ 模型をさまざまな側面から描いた絵を見せ、人形から見える風景を選ばせる。

人形の位置から山はどう見えるかな？

ぼくと
同じでしょ

4～5歳

自分の視点と他者の視点との区別がついていないため、地点に関わらず、他の人も自分と同じように見えているものとして答える。

A～Dで見え方は
違うと思うけど、
人形の位置からは
どう見えるかな……

7～9歳

自分が見ている風景と他の人が見えている風景が違うことはわかるが、それぞれの地点でどのように見えるかまではわからない。

Aはこうだから、
Bはこうで、Cはこうで、
Dはこうでしょ

9～10歳

自分の視点と他者の視点とを区別でき、各地点からの空間的な見え方を正しく答えられるようになる。

＊反応には個人差があります。

ピアジェの「三つ山課題」とは？

左ページの「三つ山課題」は、ピアジェが行ったさまざまな実験のなかでも、特に有名なものです。この課題は、「空間的視点取得能力」を調べるための実験として、また幼児期の自己中心性やその後の脱中心化を明らかにするための実験としてよく知られています。

「視点取得」とは、対象が他者からはどう見えるのかを理解することをいい、知覚（視覚）的に理解する能力を「空間的視点取得能力」といいます。

空間的視点取得能力が発達しさまざまな視点を持てるように

実験では、3つの山が連なった模型を子どもに見せた後に、子どもに特定の位置（A）に座らせ、人形が座っている他の位置（B、C、D）から見た山の景色を正しく想像できるかどうかをたずねます。すると、前操作期にあたる幼児期の子どもは、自分から見える景色と人形から見える景色は同じだと答えます。それが7歳頃から徐々に人形の視点に立てるようになり、9〜10歳には人形から見える山の景色を正しく想像できるようになります。

これは、幼児期の自己中心性から離れて（脱中心化）、さまざまな視点（他者の視点）で物事を見て、考えられるようになることを示すものとされています。こうした空間的な他の視点からの理解は、心という見えない相手の気持ちの想像である「役割取得（➡P160）」とも関連があることが明らかにされています。

小学1年生にとって背の順に並ぶことは難しい

具体的操作期には、論理的に物事を考えるうえで必要な「系列化」の思考も発達します。系列化とはわかりやすくいえば、客観的な基準をもとに順番に並べる力のことです。

系列化のわかりやすい身近な例があります。学校では、先生が「廊下に出て背の高い順に並びなさい」といった指示をしますが、6、7歳の子どもたちだと、これが意外とうまくいかないのです。「Aちゃん、私より背高いね」「Bちゃんも私より高いね」「あれ？ 一番背が高いのはだれ？ うーん……」ということもめずらしくありません。この時期の子どもは、まだ系列化の思考が十分に発達していないために、「順番に並ぶ」ということが意外と難しいのです。

「具体」から「抽象」へ。
思考が洗練される児童期後半

小学校高学年から中学生くらいになると
ピアジェのいう「形式的操作期」の段階に入り、
抽象的なことも考えられようになっていきます。

具体的操作期の論理的思考は「具体的なもの・こと」に限られる

自己中心性の強い前操作期とは違い、具体的操作期には、さまざまな視点から物事をとらえ、論理的思考ができるようになってきます。とはいえ、それは直接見たりさわったりできるような具体的な事物についての論理的な操作（思考）に限られます。

たとえば、「ケンタ君は、ユウキ君より背が高く、ユウキ君はマサト君より背が高いんだから、「ケンタ君はマサト君より背が高い」ということは理解できますが、「A＞B、B＞C、ゆえにA＞C」と記号を用いた考え方は、具体的操作期の子どもにはまだ難しいといえます。

このような連続した順序、つまり、要素間の関係を推測する能力である「推移」において、抽象的な要素でも理解できるようになるのは、具体的操作期の次の段階である「形式的操作期」を待たなければなりません。

抽象的な思考ができるのは児童期後半以降

形式的操作期とは、現実の具体的なことだけでなく、「もし～ならば」といった架空の物事や、抽象的な概念についても考えられるようになる時期です。ピアジェによれば11、12歳以降とされ、おもに児童期後半から中学生にかけての時期になります。

この段階になると、命題や仮説による推理、要因の組み合わせを系統的に考えることができるようになってきます。また、友情や社会といった抽象概念についても考えられるようになります。

形式的操作思考の獲得で問題解決能力も伸びる

仮説を立てて物事を論理的に考える力は、児童期後半以降どんどん伸びていきます。いったんできるようになると、問題解決においては、抽象的かつ体系的に考えられるようになります。

ある問題について、まず考えられるあらゆる解決方法を想定しながら、次に最も正しい解決に至るように論理的に調べていくといったこともできるようになります。

ただし、形式的操作期における抽象的思考を日常的に行うのは、児童期ではまだ難しい面もあり、思春期以降、また中学生以降にさらに伸びていく能力といえるでしょう。また、抽象的な思考は個人差や学校教育などの文化差も大きいといわれています。

形式的操作期の特徴

形式的操作期に入ると、現実には起こらないことでも、仮定に基づいて推論できるようになります。

問題　AはBより大きく、BはCより大きい。ではAとCではどちらが大きい？

AとかBとかCじゃよくわかんない！

具体的操作期の子

そんなのAに決まってるよ

形式的操作期の子

問題　カメはウサギより進むのが速く、ウサギはチーターよりも速い。ではカメとチーターはどっちが速い？

動物で一番足が速いのはチーターでしょ？でもウサギより遅いって言ってたっけ……

具体的操作期の子

この問題の答えはカメだよ。現実とは違うけどね

形式的操作期の子

認知している自分を認知する？ 学習の向上に不可欠なメタ認知

学習の向上に不可欠な力として、注目されているのが「メタ認知」。
メタ認知が発達すると、「何をわかっていて、何をわかっていないか」
について考えられるようになります。

メタ認知の力がつくのは10歳頃

メタ認知の「メタ」とは、「高次の」という意味です。少し離れたところから自分をとらえるイメージと考えればよいでしょう。つまり、「メタ認知」とは、自分の認知活動（行動や考え方、性格、学習など）を認知する活動のことです。脱中心化（➡P90）が進むことで、他者だけでなく、自分自身も客観的・俯瞰的に見ることができるようになった結果ともいえ、10歳頃から発達してきます。

メタ認知の発達で「何がわからないか」がわかる！

メタ認知の力がつくと、自分の行動などを客観的にとらえることができるようになり、行動の調整ができるようになります。たとえば学習の場面で、ある問題がわからないときに、自分の理解がどの程度進み、どのあたりがわかっていないかなどを分析できるよう

になります。苦手分野がわかれば、そこに集中して時間を割くなど、目標に向けてよりよい行動を選択できます。

一方でメタ認知が未熟だと、「何がわからないかがわからない」状態になり、学習面で遅れが出がちです。日常の場面でも、問題を客観的に見られないためにうまく対処できないことが起こりやすくなります。

自分の行動を調整する力がつく

メタ認知には、大きく「メタ認知的知識」と「メタ認知的行動」という2つの側面があり、メタ認知的行動はさらに「モニタリング」と「コントロール」の2つの機能があります（➡右図）。これらは、互いに影響し合って働いています。たとえば、計算ミスが多いという事実（メタ認知的知識）をモニタリングして、今度から必ず答えを見直そうと考えて実行に移す、というように自分自身をコントロールすることが、これにあたります。

メタ認知とは？

メタ認知には、大きく「メタ認知的知識」と「メタ認知的行動」があります。
この2つによって「メタ認知」の能力が発揮されます。

メタ認知的知識

メタ認知能力によって得た知識のことで、普段の経験や学習などによって蓄積されていく。
知識の内容により、以下の3つがあるといわれる。

人間の認知
についての知識

自分自身や他人についての知識、また人に関係する一般的な知識のこと。

私は漢字が苦手だ

お姉ちゃんはすごく漢字が得意だ

課題
についての知識

課題の性質に関する知識。

よく見る漢字は覚えやすい

部首には意味がある

方略
についての知識

目的に応じてどうすればよいのか、効果的な方法や対策についての知識。
また、いつ、なぜ、それをするのかといった知識。

同じ部首の漢字を1日5個ずつ覚えれば、小学校で習う漢字を1年で全部覚えられる！

メタ認知的行動

「メタ認知的知識」に基づいた行動のこと。
メタ認知的行動には、以下の2つがあり、互いに影響し合って働いている。

モニタリング

自分の認知について、現在の状態を評価すること。気づきや感覚を得たり、予測や点検をしたりすること。

部首ごとだと覚えやすい！

コントロール

モニタリングした認知状態に基づいて、進行中の活動を評価し、目標設定、計画、修正などをしながら認知を調整すること。

漢字の勉強ができない日もあるから「1週間に30個」に計画を変更しよう

1週間30個目標

ワーキングメモリ

学習に不可欠な記憶のしくみと ワーキングメモリの発達

学びの場面はもちろん、私たちは日々さまざまな情報を記憶し、
処理しています。この処理能力に関わるものとして
「ワーキングメモリ」が注目されています。

記憶の種類

　記憶とは、情報を取り込み（記銘）、頭の中に入れておき（保持）、必要なときに思い出す（想起）、という3つの過程のことをいいます。

　また、記憶を保持時間で分類すると、短い順に、感覚記憶、短期記憶、長期記憶があり、その関係は、右上の図のようになります。

学びにも大きく影響する ワーキングメモリの力

　「短期記憶」は、従来は単に記憶を保持するだけの機能と考えられていましたが、現在は「保持」しながら「処理」を行うシステムもあると考えられており、このシステムを「ワーキングメモリ（作動記憶）」とよんでいます。

　たとえば暗算をするには、数字を頭の中に保持しながら、計算という処理を行いますが、このように入ってきた情報を脳内にメモし、それと同時に必要な情報と不必要な情報を処理するのが、ワーキングメモリの機能です。何かの作業をするために一時的に情報をとどめておく働きともいえ、よく「脳の黒板」や「脳のメモ帳」などにもたとえられます。この働きのおかげで、私たちは瞬時に適切な判断ができるのです。

　学習に困難を示す子どものなかには、ワーキングメモリが弱いケースが見られます。また、発達障害（➡P180）の子の多くが、ワーキングメモリに問題を抱えていることが指摘されています。

　ただし、ワーキングメモリは、個人差が非常に大きく、たとえば7歳児の場合で、10歳児の平均くらいある子もいれば、4歳児の平均を下回る子も1割くらいいるといわれています。

　小学校1、2年生くらいだと、まだワーキングメモリが十分に発達していないために、宿題やテストの問題文がうまく理解できない場合もあります。あせらずにその子の発達にあったペースで指導していくことが大切です。

記憶の種類

感覚記憶

五感から入ってきた膨大な情報は感覚記憶で保存される。自分にとって重要な情報は短期記憶へ以降するが、多くは1秒程度で瞬間的に消える。

短期記憶
（ワーキングメモリ）

感覚記憶から転送された情報を一時的に保持する記憶。情報を保持しながら、保持した情報を処理する機能を持ち、このシステムを「ワーキングメモリ」という。

長期記憶

短期記憶から印象に残ったものや、リハーサル（➡P140）したものなどが、長期記憶に転送され、半永久的に記憶され、必要に応じて取り出される。下記のように分けられる。

長期記憶のおもな種類

エピソード記憶

自分が経験した具体的な出来事についての記憶。昨日カレーライスを食べた、学生のときに富士山に登り頂上からの景色に感動した、など。

意味記憶

学習した知識、言葉の意味など、物事に関する一般的な知識として蓄積されている記憶。アメリカといえば自由の女神だ、江戸幕府を開いたのは徳川家康だ、など。

手続き記憶

いわゆる「身体で覚えている」記憶。自転車の乗り方、楽器の演奏、箸の持ち方など。

ワーキングメモリはさまざまな場面で使われる

38＋45－33＝□
まず38＋45＝83で、
そこから33をひいて…

にんじんとカレールー買って来てくれた？

あ、にんじん忘れた…

上のような暗算をするときは、「38＋45＝83」を頭の中に保持しながら次の計算に進んで、最終的な答えを導く。

買い物の場面では、買うものを頭の中にとどめながら、目的のものを買ってくる。頭の中に保持できないと（ワーキングメモリがうまく働かないと）、買い忘れてしまうことになる。

メタ認知の発達とともに 記憶方略にも変化が出る

メタ認知ができるようになるのは10歳頃だといわれています。
メタ認知が発達することで、記憶する際にも、
さまざまな工夫をするようになります。

メタ認知の発達で、 記憶の方法にも変化が現れる

　何かを覚えようとするとき、私たちはあれこれと覚えるための工夫をしているものです。

　必要なときに必要な情報を思い出す覚え方のテクニックを「記憶方略」とよびます。その方法として、たとえば「リハーサル」「体制化」「精緻化」などがあります（➡右図）。こうした記憶をしようというやり方は、児童期に大きく発達します。

　そして、知的成熟が進む10歳以降になると、メタ認知の発達にともない、「メタ記憶」とよばれる能力も発達します。つまり、自分の記憶の力や記憶できる量を自分なりに理解し、自分のやれそうな方法に基づいて記憶方法を調整できるようになるのです。たとえば歴史の年号を覚えるのが苦手な場合、「語呂合わせで覚えよう」「イラストを描いてイメージで覚えよう」などと工夫ができるようになります。

幼児は「記憶力」に自信がある？

　子どもの「予測能力」についての研究がいくつかあります（Flavell et al.,1970 ; Yussen & Levy,1975）。たとえば10枚の絵を示して、いくつ覚えられるかを予測させたとき、大人だと6枚とか7枚といった現実的な数を予測します。実際にテストをしてみると、その予測はおおむね当たっています。ところが、幼児期の子どもに同じようなテストをすると、実際には3枚程度しか覚えられないのにもかかわらず、7、8枚、あるいは10枚全部と、かなり過大評価した「予測」をする子が多くいます。この「ズレ」は年齢が上がるにつれて小さくなっていきます。このことからも自身を客観的に見るメタ認知は幼児期にはまだ不十分で、児童期にかけてしだいに発達していくと考えられます。

おもな記憶方略

リハーサル

記憶方略の代表的なもので、大切だと思う情報を繰り返し声に出す、あるいは頭の中で、言葉として何度も繰り返して覚えること。7〜8歳から使えるようになる。

体制化

情報を分類・整理して覚えること。単体で覚えるのではなく、関連性を見つけてカテゴリーで覚えたり、情報量の多い材料を細かく区切って覚えたりするなど。多くの項目を長期で記憶したい場合に有効。

精緻化

覚えるべき材料に、新しい情報をつけ加えて紐づけて覚えること。自分の知っているものにたとえる、語呂合わせにする、ストーリーやイラストで覚えるなど、効率よく記憶できるようにイメージ化すること。

年齢とともに効率よく覚えるための工夫ができるようになる

たとえば、年齢の異なる子どもたちにカードを覚えてもらう作業をすると……

| ブドウ | キャンディ | ウサギ | ミカン | コアラ | ネコ | バナナ | クッキー | ゾウ | ラムネ |

わかった。覚えればいいんだね！

4歳

特に工夫はせず、見たものをそのまま覚えようとする。

ブドウ、キャンディ、ウサギ……、ブドウ、キャディ、ウサギ……

7歳

覚えるべき内容を反復して覚えている。

➡ リハーサル

動物と果物とお菓子でグループ分けして覚えよう！

10歳

関連したまとまりごとに記憶している。

➡ 体制化

ウサギがブドウキャンディをなめて……

10歳

言葉をつなげてストーリー化するとともに、頭の中でその絵をイメージして記憶している。

➡ 精緻化

10歳の子たちは、「こんなにたくさんのカードはたくさん覚えられない」というメタ認知的知識（➡P136）に基づいて、覚え方を工夫している。

子どものやる気はどこから?
動機づけのいろいろ

同じことをするにしても、やる気があるのとないのとでは
その過程の楽しさや結果にも違いが出るものです。
子どもの能力を伸ばすうえで、「やる気」はとても重要です。

自分の知的好奇心から起こる内発的動機づけ

将来サッカーのプロ選手になりたいからたくさん練習する、サッカーが上手になって女の子にもてたいからたくさん練習する——。人がある行動を起こす際にはさまざまな動機があります。心理学では、「やる気」を生み出す要因を「動機づけ」といいます。

動機づけは、「内発的動機づけ」と「外発的動機づけ」の2種類あります。前者は「興味があって楽しいから」というように、自分がしたいから行動するという動機づけで、後者は「親や先生に言われたから」「ごほうびをもらえるから」というように、外部からの強制や報酬による動機づけです。

外発的動機づけと内発的動機づけはつながっている

自己決定感

低

動機づけなし	外発的動機づけ	
調整なし (やらない)	外的調整 (報酬や罰が あるからやる)	取り入れ的調整 (恥や不安、 義務感からやる)

勉強なんて
やらないよー

勉強しないと
叱られるからなー

ごほうびくれる
ならやろうかな

点数低かったら
恥ずかしいな

将来も
不安だし……

一般的には、外発的動機づけよりも、内発的動機づけのほうが長続きし、うまくいく可能性も高いといわれます。「ごほうびをもらえるからやる」という外発的動機づけの場合、ごほうびがなくなったときにやらなくなる可能性があり、叱られるからやるという場合も「やらされている感」があり、長く続かないことが多いからです。

外発から内発まで 動機づけは連続している

ただし、現在は内発的動機づけと外発的動機づけは、必ずしも対立するものではないという見方がされています。このことについて、デシとライアン（Deci & Ryan）は「自己決定理論」を提唱しています。外発的動機づけの部分は、「自己決定感（自分でそのことを決めたからやるという感情）」の度合いに応じて、いくつかの段階があり、自己決定感が高くなれば、最終的に内発的動機づけに移行する、という考え方です。

つまり、最初は「ごほうびがもらえるから勉強をする」という外発的動機づけから始まったとしても、成績が上がるにつれ、「勉強は自分のためになる」ということに気づき、最終的には「自分がやりたいことだからやる」と自発的に勉強するようになる（内発的動機づけに移行）ということです（➡下図）。

(Ryan & Deci, 2000をもとに作成)

高

同一化的調整 （自分にとって必要性や重要性を感じてやる）	統合的調整 （自分の価値観と一致しているからやる）	内発的動機づけ
		内発的調整 （やりがいや楽しさを感じてやる）

将来のためになるもんね

これは絶対、勉強したほうがいいに決まっている！

勉強ってやっぱり重要な気がする

おもしろい！

楽しい！

143

「やればできる!」という気持ちが大事

やる気の高さ（モチベーション）につながる感情として、
自己決定感のほか、自己効力感も重要だといわれます。
自己効力感とはどのようなものでしょうか？

自己効力感を高めて目標を達成する能力を発揮する

　人が何か行動を起こすときには、何かしらの「期待」があるものですが、バンデューラ（Bandura）は、その「期待」を、「効力期待」と「結果期待」の2つに分けています。

　「結果期待」は、ある行動がどのような結果を生み出すかという期待です。

　一方、「効力期待」は、その結果を導くための行動をどの程度うまくできる

かという期待、つまりは「自分はこれくらいできる」「自分ならできる」という自分自身への期待です。効力期待は、「自己効力感」ともいい、一般的にはこちらの名称のほうがよく使われています。

　人が行動を起こす際、「結果期待」と「効力期待（自己効力感）」の両方が必要ですが、特に効力期待（自己効力感）の度合いが、大きな影響を及ぼすことが、さまざまな研究で実証されています。

自分への「期待」がやる気と結果につながる

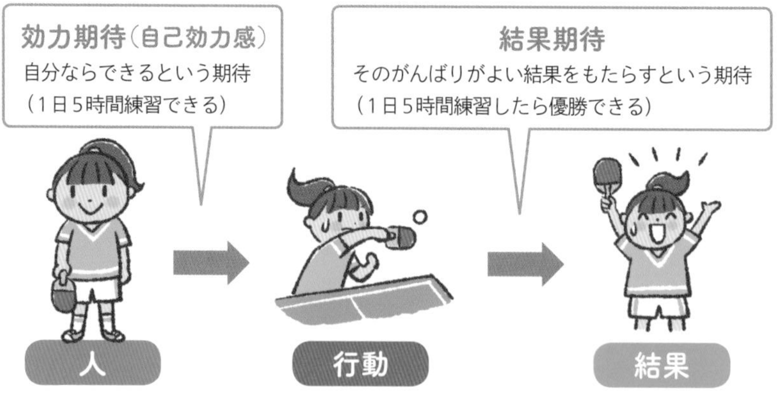

効力期待（自己効力感）
自分ならできるという期待
（1日5時間練習できる）

結果期待
そのがんばりがよい結果をもたらすという期待
（1日5時間練習したら優勝できる）

人　→　行動　→　結果

高い自己効力感は自分を信頼している証

自己効力感がある、つまり「自分はできる」と思える気持ちがあるということは、自分自身を信頼していることといえます。

自己効力感が高ければ、それがはじめの一歩を踏み出すきっかけとなり、途中で困難な問題にぶつかったとしても、「きっと自分なら乗り越えられる」と前向きな気持ちで次へ移ることができます。

一方で自分はできないのではないかと思ってしまう場合、つまり自己効力感が低い場合には、なかなか行動に移すことができず、また、困難な場面に対してもすぐにあきらめることが多くなります。

自己効力感を高めるためには、下図に挙げた4つのことが重要であるとされています。なかでも自己効力感の提唱者であるバンデューラは、「成功体験」が最も重要であると言っています。

自己効力感を高める4つのこと

これがもっとも重要！

❶ 成功体験
自分自身が何かを達成・成功した体験。

➡ 自己効力感アップ！

❷ 代理的体験
他者の行為を見て学ぶこと（モデリング➡P118）。特に自分と似た人の成功体験を観察することが効果的。

➡

あなたならできる！

❸ 言語的説得
信頼できる人からの「あなたには能力がある」「あなたならできる」といった言葉がけ、励まし。

➡

私ならできる！

❹ 情動的喚起
リラックスする、あるいはほどよい緊張感を持つなど、行動するときの心身の状態を整えること。

➡

結果の受け止め方で
その後のモチベーションが変わる

失敗したり、悪い結果が出てしまったりしたとき
その原因をどう受け止めるのかは人によって違います。
原因の受け止め方で「その後のやる気」が変わってきます。

その結果はだれ（何）のせい？ だれ（何）のおかげ？

人は何か出来事が起きたら、その原因を探ろうとします。このときに、原因を何に求めるか（何に帰属するか）が、その後の動機づけのあり方（モチベーション）に影響を与えるという考え方を「原因帰属理論」といいます。

ワイナー（Weiner）は、①自分が原因かどうか、②変化しやすい原因かどうか、という2つの観点から、下図のように、4つの原因帰属のスタイルを提唱しました。

失敗の原因はどこにある？ ～ワイナーの原因帰属理論～

	自分が原因	自分以外が原因
変化しやすい原因	A 努力 「努力が足りなかった…」	C 運（天候、病気など） 「たまたま運が悪かったんだよね」
変化しにくい原因	B 能力 「能力が足りないんだ…」	D 課題の難易度 「今回のテストは難しすぎたよ」

原因を前向きに受け止め自分で乗り切る力をつける

左図のAもBも自分に原因があるという考え方ですが、うまくいかなかった場合、その後のモチベーションが変わってきます。「努力が足りなかったから失敗した（A）」と考えるなら、「もっとがんばれば次はうまくいくかも」と期待は低下せず、前向きに努力して進むことができます。一方、「能力が劣っているから失敗した（B）」と考えてしまうと、「次も失敗するだろう」と期待が持てず、「やる気」を失ってしまうこともあります。

また、図のCやDのように自分以外に原因があると考えることもあります。この場合、悪い結果でも落胆はしにくいのですが、だからといって、自分の努力や能力に全く目を向けず、いつも原因を他者や環境のせいにしていると、今度は外部への不満を強めることにな

り、結果的に自分自身の成長につながりにくくなります。

失敗が続くと「学習性無力感」に陥ることも

原因帰属理論では、成功・失敗どちらの場合でも、「努力」のせい（おかげ）にすることが、その後の前向きな動機づけにつながりやすいことが示されています。

しかし、ときには、いくら努力しても結果がついてこないこともあります。失敗経験が続くと、自分には能力がないという思いが強くなり、「学習性無力感」に陥ることがあります。学習性無力感とは、何をするのも無意味と感じ、その状況から脱する努力をしなくなることをいいます。

無気力から脱するには、まず目標設定を「できる程度」に設定したうえで、成功経験を重ねていけるようになると、自信がついてきます（➡P148）。

大丈夫、がんばればできる！

そんなこと言われても無理。簡単に言わないでよ……

努力がなかなか報われないときに、さらなる努力のすすめや励ましは、むしろプレッシャーになり逆効果になることもある。

周囲との比較が始まり、劣等感が生まれる

小学校高学年くらいになると、周囲と比較して
劣等感を抱くケースも出てきます。
劣等感を克服するにはどうすればいいのでしょうか。

劣等感を持つようになることは成長の現れでもある

一般に幼児期の子どもは、自分に対して過大評価をしがちで、「自分はすごい」「自分が一番」などというように、万能感を持っているものです。それが脱中心化（➡P90）やメタ認知（➡P136）の発達によって自分を客観視できるようになると、万能感が薄れ、自分のダメなところも見えてくるようになります。そのため劣等感を抱いてしまうことも多くなります。

劣等感を持つこと自体は、他者と比較して自分を評価できるようになったことの現れでもあり、児童期後半においては健全な成長過程であり、だれもが持つ気持ちです。しかし、劣等感が強すぎると、やる気が失われ、無力感に陥ってしまうこともあります。

万能感が薄れ劣等感が強くなってくる

劣等感を抱き、自信をなくしている

ときには、ヴィゴツキーが提唱した「最近接領域理論（➡右下図）」が活用できます。1人でできるような課題をたくさんすると自信を持てるようになりますし、周囲がうまく支援してあげると伸びしろがついてきます。

また、「スモールステップの原理」という考え方もあり、目標を高く置きすぎず、60点が届いたら、次は65点といった目標を小割りにして成功経験を重ねていくやり方も効果的です。「できる喜び」を得られれば、「自分はダメだ」という劣等感も薄れ、がんばることが好きになっていきます。

そうして小さな成功体験を積み重ね、「自分はやれる」という気持ち（自己効力感）と達成感を持つことができれば、しだいに周りが手助けをしなくても、自分で乗り切れるようになっていきます。また、他者と比較しないで、自分の中で、前よりも成長しているという「成長感」や、だれかの役に立つことができたなどの「有用感」を抱けると、自尊心（➡P150）が高まります。

「社会的比較」で自己評価するようになる

自分の能力や容姿、態度などを正確に自己評価したいとき、自分と他者を比較し、社会における位置を確かめることを「社会的比較」といいます。劣等感を抱くこともありますが、向上心を持つきっかけになることもあります。

上方比較

自分よりも優れた人と比較をして、うらやましいと思ったり、逆にねたましいと思ったりすること。「あの人のようになりたい、もっとがんばりたい」と自分をより高い目標に向けて律する効果もある。

下方比較

劣った人と比較をして、自分を誇りに思ったり、逆にその人をかわいそうと思ったりすること。自分に自信が持てないとき、自尊心を回復させるために下方比較をすることが多い。

4章 児童期の発達

最近接領域理論で「成功体験」を積み重ねる

子どもが1人でできる限界と、支援があれば成し遂げられる境界のことを「発達の最近接領域」といいます。これをうまく利用して、結果とやる気を引き出すことができます。

これならできる！

ここはこう考えたらどう？

あ、そうか！

| 今はまだできない |
| 支援があればできる ←→ 発達の最近接領域 |
| 子どもが1人でできる ↕ |

子どもがどこまでだったら1人でできるかを見極め、それがわかったら、「1人でできる問題」をたくさんさせて成功経験を重ねる。

そのうえで、大人からうまくサポートをもらうことで、手の届きそうなところが伸びてきて、どんどんやる気が出てくる。他者の助けの必要性も学べる。

劣等感の強まりとともに 自尊心は低下する

「自尊心を高めることが大切」とよく言われますが、
そもそも自尊心とはどういうものなのでしょうか?
また、自尊心はどのように育まれるのでしょうか?

本当の「自尊心」とは?

自尊心(自尊感情ともいう)は、英語の「セルフ・エスティーム(self-esteem)」の訳で、ローゼンバーグ(Rosenberg, 1965)によれば、「自己に対する肯定的または否定的態度」のことをいいます。

そのうえでローゼンバーグは、自尊心について次の2つの意味を指摘しています。自分は「very good(とてもよい)」と考える意味と、自分は「good enough(これでよい、こんなもんだ)」と考える意味です。

前者は、他者と比較し、相対的に優れていることが背景にあります。そのため、ほめられないと自尊心が低くなりがちです。後者は、長所も短所もひっくるめて自分を受け入れ、これが私なんだと思える感覚で、これが本当の意味での「自尊心」であると考えられています。自己肯定感として考えられることもあります。

成長感、有用感、自己効力感を 持つことが「自尊心」につながる

一般に、自尊心が高いと、自分自身への満足感が高く、何か失敗しても自分を否定することなく前へ進むことができます。ですから、児童期に自尊心を高めておくことはとても大切なことです。

①成長感(他者と比較しないで自分の中で前よりも成長している)、②有用感(だれかに役に立っている)、③自己効力感(やればできる)の3つを感じられるようになると、「good enoughな自尊心」を持つことができます。また、幼少期から養育者などからほめられる経験をたくさん積んだ子どもほど、自尊心が高くなります。

自尊心が揺らぐ児童期後半

自尊心を育んでおきたい児童期ですが、実は児童期後半から思春期にかけて自尊心が一時的に低下することが、

調査から明らかにされています（➡グラフ）。この理由は、劣等感を抱く理由とも重なりますが、9、10歳頃になると、自分の未熟なところや弱いところが自分の目にすべて映るようになり、自己に厳しくなるためだと考えられます。

　一方で、メタ認知（➡P136）の発達などもあり、小学校高学年頃には、「自分は勉強はダメだけど、友人もいるし運動は得意だ」いったように、多次元的なとらえ方ができるようになります。こうした「不得意なところもあるけれど、けっこうよいところもある。これでよいのだ」というバランス感覚を持つことが、自尊心の維持に大切です。

　しかし、ときには1つのことができない苦しみが、自分についての評価全体を低くしてしまうこともあります。自己評価が下がっている子どもに対しては、自分の一部だけに目を向けるのではなく、もっと全体に目を向けるようアドバイスする必要があります。

　自分自身についての評価は、客観的な情報と、その情報の主観的な評価を併せ持って作られます。養育者など、周囲にいる大人は、子どもが価値ある存在として自身を受け入れられるように、サポートしていくことが大切です（➡P152）。

年齢による自尊心の変化

(Robins, Trzesniewski, Tracy, Gosling, & Potter, 2002)

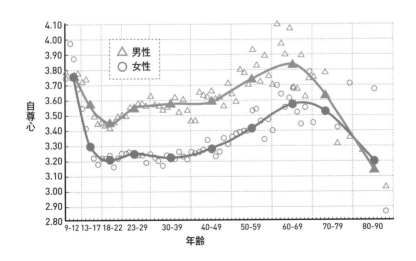

自尊心を高める親の関わり方

子どもの自尊心を高めるためには、親など周囲の大人の関わり方が重要です。
よいところや得意なことをたくさん見つけ、たくさんほめることが大切です。
「有用感」「成長感」「自己効力感」を感じられるように、
親が上手にサポートしてあげるのがよいでしょう。

＼関わり方1／
得意なところを細かく探して、たくさんほめる

たとえば国語の場合、「国語が得意なんだね」と漠然とほめるのではなく、国語の内容にはどんな要素があるのか、分解して考えます。音読、漢字の読み書き、読解力、文章力などの要素から、子どもがどの部分を得意としているのかを観察し、「難しい漢字が書けるんだね」「読むとき、気持ちがこもっているね」など、具体的にほめましょう。勉強の教科、運動、友達との関わり、それぞれの領域の中で細分化して考えると、たくさんの長所（リソース、資源）が見つかります。人と比べてめざましく得意なと

ころでなくてよいのです。本人の思いの中で得意あるいは好きだと思っているものを考えてあげましょう。

もうそんなに難しい漢字が書けるんだね！

練習がんばったから逆上がりができるようになったね！

＼関わり方2／
結果より、「プロセス」をほめる

「宿題が終わったら」「よい点を取ったら」「そうじをし終わったら」と、終わってからほめようとすると、子どもはいつまでたってもほめられないことになります。テストに向けてがんばっているとき、片づけをしているときに、「がんばってるね」「えらいね」とほめてあげましょう。結果だけを重視するより、プロセスを重視するほうが、息の長いチャレンジ精神を育てていくことができます。

＼関わり方3／
認めてあげる

大人から見ればたいしたことでなくても、子どもが自分で何かをやろうとしたときや、がんばっているときは当然だと思わずに認めてあげましょう。「すごいな」「おもしろいこと考えたね」と関心を寄せてあげるだけでもよいのです。子どもは親が関心を持ってくれることが一番嬉しいものなのです。

子どもの性格をポジティブにとらえる

「うるさい子」も言い方を変えれば「元気な子」といえますし、「引っ込み思案な子」は「慎重な子、優しく見守る子」のように、一見ネガティブにとらえられる性格も、見方を変えればポジティブな性格に言い換えることができます。このように、物事を見る枠組み（フレーム）を一度外し、今まで

と違う枠組みでとらえようとすることを、「リフレーミング」といいます。子どもの性格や苦手なことをリフレーミングして、よいところや得意なところに変換していくと、たくさんの長所（リソース、資源）が見つかり、ほめる機会も増え、子どもは自信が持てるようになります。

リフレーミングの例

うるさい	➡ 元気がいい		飽きっぽい	➡ 好奇心旺盛
すぐ怒る	➡ 自分に正直、情熱的		すぐふざける	➡ 陽気、周りを明るくする、ユーモアがある
わがまま	➡ 自分の意思を持っている		せっかち	➡ 決断が早い
だらしない	➡ おおらか		のろのろしている	➡ 落ち着きがある、おおらか、丁寧
怖がり	➡ 危険なことがわかる		負けず嫌い	➡ 社交的
落ち着きがない	➡ いろいろなことに興味がある		気が弱い	➡ 優しい、神経が細やか
引っ込み思案	➡ 慎重、優しく見守る		変わっている	➡ 個性的、独創的
おとなしい	➡ 穏やか、話をよく聞く		泣き虫	➡ 感受性が豊か
すぐに決められない	➡ じっくり考える		甘えん坊	➡ 甘え上手
意見が言えない	➡ 協調性があって思慮深い		消極的	➡ 控えめ、慎重
でしゃばり	➡ 積極的、世話好き		いばる	➡ 自信がある、はっきり主張できる
しつこい	➡ 粘り強い		八方美人	➡ だれとでも仲よくできる

4章 児童期の発達

注意するときに「禁句」は言わない

　注意するときに、「いつもこうなんだから」「ほら、やっぱり」などの余計な言葉は不要です。これを何度も言い続けると、子どもの心の中に「どうせ自分は…」「やっぱり自分は…」とネガティブな思考を植えつけてしまいます。注意するときには、そのときの内容だけに特化して、余計なことは言わないようにしましょう。

他者と比較しない

　きょうだいや友達との比較は禁物です。特にきょうだいの人数が少ない現代では、きょうだいは親の愛情を奪い合うライバルになりやすく、互いに比較してコンプレックスを抱きやすくなります。そこに親がさらに比較してしまうと、劣等感を強く抱いてしまうこともあります。

しなやかに立ち直れる力「レジリエンス」とは？

人はだれでも落ち込むときがあります。
大切なのは、そこからいかに立ち直れるか、です。
「しなやかに回復する力」が求められます。

レジリエンスを育てて挑戦を恐れない子に

落ち込んだり劣等感を抱いたりしたときに、心の切り替えが上手にできる人とできない人がいます。また困難な状況にもかかわらず、うまく適応できる人もいれば、うまくできないという人もいます。この差は、「レジリエンス」によるものだと考えられています。

レジリエンスとは、ストレスフルな状況に対して柔軟に対応し、成長へと導く力、粘り強さ、回復力などと定義され、精神的にも身体的にもより健康に生きるために重要なこととされています。

レジリエンスが低いと、「また失敗するかも」「どうせダメだ」と、挑戦することを恐れるようになってしまいます。失敗を恐れずに挑戦できるよう、

レジリエンスとは？

「心が折れない」という表現がありますが、レジリエンスは心が折れないというよりはむしろ、折れそうになっても「元に戻せる回復力」を意味します。

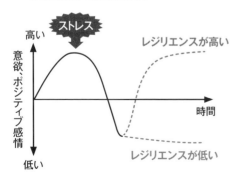

レジリエンスはよく木にたとえられる。暴風雨に揺らされてもポキっと折れることなく、たとえばヤナギの木のようにしなやかに耐えられ、少々ダメージを受けても元へと回復できる力を「レジリエンス」という。

子どもの頃からレジリエンスを育んでいくことが大切です。

レジリエンスを育むために必要な要素として、①自己効力感、②ポジティブ感情、③自尊心、④ソーシャル・サポートなどが挙げられます。ボニウェル（Boniwell）は、レジリエンスは筋肉のように日々のトレーニングで鍛えられるとし、先の4つの要素を筋肉にたとえ、「レジリエンス・マッスル（筋肉）」というプログラムを提案しています（➡下図）。筋肉はトレーニングしないと脂肪になります。いざというときにレジリエンスを発揮できるように、「心の筋トレ」も継続して行うことが重要です。

レジリエンスを鍛える方法 ～レジリエンス・マッスル～

4つの「I」、つまり「自分に関する4つのイメージ」を思い浮かべることを習慣化することで、心を支える土台を作り、レジリエンスを身につけるトレーニングです。それぞれの [　　　] に言葉を3つくらいあてはめてみましょう。内容はごく簡単なこと、当たり前のことで十分です。

① I can [　　　]
自己効力感
（[　　　] に自分ができることを入れる）

粘り強さを持つためには、「私はできる」という感情が根底にあることが大切。

例 私はピアノが弾ける、私は挨拶ができる、私はごはんを残さず食べる

② I like [　　　]
ポジティブな感情
（[　　　] に自分が好きなことを入れる）

「自分が好き」といえるような好きなところがあると強みになる。

例 私は水泳が好き、私はゲームが好き、私はおしゃれが好き

③ I am [　　　]
自尊心
（[　　　] に自分を肯定する単語を入れる）

ほどよい自尊心を持つことが大事。

例 私は親切、私はまじめ、私は明るい

④ I have [　　　]
ソーシャル・サポート
（[　　　] に自分を応援してくれる人、大事にしていることやものを入れる）

「自分の周囲には家族や仲間が味方にいる」と思えることが大事。

例 私には母がいる、私には犬のチョコがいる、私には大事にしている人形がある

学校で築く新たな友達関係。物理的な近さから「心」の近さへ

児童期になると、友達との時間が増え、
特定の「仲のいい子」もできるようになります。
子どもはどのようにして友達を選んでいるのでしょうか?

物理的に近い相手から相手の心を理解して友達になる

小学校に入って大きく変化することのひとつが、友達関係です。幼児期までは、親や保育士などの大人に見守られながら遊ぶことが多かったのが、児童期になると、友達だけで遊ぶ機会が増えていきます。中高学年くらいになると、「親友」という強い絆も生まれたりします。

児童期の子どもにとって大きな存在になる「友達」ですが、子どもたちは何を基準に友達を選んでいるのでしょうか。

一般に幼児期から小学校低学年くらいまでは、「家が近くて一緒によく遊ぶ子」、つまり物理的に近い相手を選ぶ傾向があります(相互的接近)。それが、小学校に入ったあたりから少しずつ「感じがよいから」といった情緒的な要素が入り込むようになります(同情的接近)。さらに高学年になると、勉強やスポーツがよくできて尊敬できる

相手や、性格や趣味が合うなど内面的な共通点を感じた相手を選ぶようなります(尊敬共鳴)。

このように子どもたちは成長とともに人格や内面を重視して友達を選ぶようになります。

「重要な他者」が親から友達へ

日常生活を送るうえで、精神的な面で与える影響が大きい他者を「重要な他者」といいます。幼児期から低学年にかけての重要な他者は圧倒的に親ですが、児童期以降、親は重要な存在でありながらも、徐々にその割合が友達のほうにシフトしていきます。

友達が増え、関わる人が増えると、さまざまな意見を聞く機会が増えてきます。そうなると必然的に友達と関わり共鳴することが多くなり、親の言うことがすべて正しい、という気持ちも薄れていきます。それと同時に価値観も変化していき、道徳性の発達などにも影響を与えます(➡P166)。

友達選びは年齢とともに内面重視になる

幼児期～低学年頃

相互的接近

家が近い、クラスが一緒、親が友達同士など、外部的な事情による影響が強い。

児童期全般

同情的接近（同情・愛着）

学級内で子ども同士がふれあうことで感情の交流が起こり、「おもしろい」「親切で優しい」「かわいい」など、感情的なものから友達になる傾向が増えていく。

Aちゃんかわいいし、優しいから好き

Bちゃんはほんとおもしろいなー

高学年以降

尊敬共鳴

相手の人格や内面的なことに敬意を払うようになり、勉強やスポーツがよくできるといった「尊敬」や、性格や意見、趣味の一致、気が合うなどの「共鳴」などを理由に選ぶようになる。

○○が好きなんだ

私も好き！（やっぱり気が合うなー）

マサキはやっぱり上手だなー。

大事なのは必要なときに「協力」できること

　学校などでは「みんな仲よく」といわれることもたびたびありますが、「嫌いな人、好きではない人」がいるのは、子どもも大人も同じです。もし子どもが、「嫌いな友達がいる」状況に悩んでいたら、好きとか嫌いという気持ちを持つことがおかしいことではないことを説明し、その子の気持ちを受け止めたうえで、「目標に向かってみんなと協力すること」の大切さを教えたいものです。グループ学習をする際など、好き嫌いで協力するしないを判断すると、うまくいきません。好き嫌いの気持ちと、だれとでも協力し合うことは別のことであると理解させ、互いに敬意を払い、必要なときに協力し合う大切さに気づき、その方法を身につけることが重要です。さらに、好き嫌いとは別に困っている人を思いやり、助けてあげる方法も教えてあげましょう。

子どもは"群れ"の中で ソーシャルスキルを学ぶ

友達の存在感が増す児童期ですが、この時期は
グループ（仲間集団）で遊ぶことも多いものです。
子どもは仲間との関わりを通して社会性を身につけていきます。

仲間集団の中で 社会性を身につけていく

児童期後半になると、「親友」のような個人同士の深いつきあいが生まれる一方で、特定の小集団で遊ぶことも多くなります。

一般に集団ができ始めるのは、小学校中学年頃からです。おもに3〜10人くらいの同性・同年齢で集団を作り、同一行動をして遊ぶようになります。これを「ギャンググループ」とよびます。仲間同士の結びつきが強く、自分たちが作った集団内のルールを守る一方で、大人がやってはいけないというような、ちょっとした悪さを一緒にしたりするような仲間です。「ギャング」とよばれるゆえんです。

ギャンググループは、子どもにとっての「小さな社会」ともいえます。仲間に受け入れられ、「小さな社会」に居続けるためには、自己抑制を働かせ、集団のルールを守る必要があります。グループでのさまざまなやりとりを通

して、リーダーシップや責任、協力、約束といった社会的知識やスキルを学んだりもします。こうして必然的にソーシャルスキル（社会の中で他人と関わりながら生きるために必要な能力 ➡P178）が身についていきます。

ギャンググループが消失して 児童期はチャムグループに？

これまでの心理学では、児童期後半にギャンググループ、中学生になると趣味や好みなどの類似性を共有し合うチャムグループ、高校生頃には異なる考えや意見を持つ存在を受け入れ認め合うピアグループを形成すれとされていました。しかし、近年はゲームなどのひとり遊びや習い事へ通う子どもが増えたり、安全にのびのび遊べる空間や時間が減ったりしていることなどから、ギャンググループが減り、小学校高学年くらいからチャムグループを形成するともいわれています。

特に女子はチャムグループを形成することが多く、小学校高学年頃から、

仲間集団の発達とおもな特徴

小学校中学年・高学年 ギャンググループ

- 同性の同年齢で構成されることが多い。
- 比較的男子に特徴的に見られる。
- 行動をともにすることで生まれる一体感に支えられている。
- 排他性、閉鎖性が強くなることもある。
- 権威に対する反抗性、他集団に対する対抗意識が強い。
- 結束を高めるために独自のルールを作ることがある。
- 仲間とのやりとりを通してソーシャルスキルが身につく。

小学校高学年〜中学生頃 チャムグループ

- 同性で構成されることが多い。
- 親密で排他的な同性の仲間関係。
- 特に女子に特徴的に見られる。
- 内面的に同じであることを互いに言葉で確認し合う。
- 一体感を大切にするため、だれかを仲間はずれにして
  結束を固めることも。

高校生以上 ピアグループ

- 男女混合、異年齢のグループの場合もある。
- 個人個人の違いを認め合う関係。
- お互いが異なることを尊重しつつ、趣味や将来、価値観
  などを話し合い、自分を確立していく。
- 仲間集団を自分の居場所として大切にする。

行動と内面の共通性によって仲間と結びつきを強めていく傾向があります。たとえば、お揃いのものをグループのみんなで持つ、悩みや不安を打ち明け合う、一緒にトイレに行く、などです。

ただし、この結びつきの強さが、ときにグループ内での不協和音や、子ども自身のストレスにつながることもあります。チャムグループ特有の問題は青年期でくわしく説明します（➡P198）。

「他者の視点」を身につけ
思いやりの気持ちが発達する

友達とうまくつきあっていくなど、対人関係を円滑に築き、
維持していくためには、「他者を思いやる気持ち」が大切です。
「思いやり」はどのように発達するのでしょうか?

思いやりには「他者視点」が必要

相手を思いやるためには、まず自分と相手が別の存在であると理解したうえで、相手が持つ「気持ち」「考え」「信念」「動機」「意図」などといった内面的な側面を、相手の視点から推測して理解する必要があります。

このような能力を「役割取得能力(社会的視点取得能力)」とよび、セルマン(Selman)は、下図の「ホリーの課題」のような道徳的なジレンマ課題を用い、いくつか質問を投げかけて、役割取得能力の発達段階を明らかにしました。(➡右図)。

木に登って助ける? 助けない? ～ホリーの課題～

ストーリー

1 ホリーは木登りが大好きな8歳の女の子。あるときホリーが木登りをして落下したところを父親に見られてしまい、もう木登りはしないと約束します。

2 ある日、ホリーは、友達のショーンの子猫が木から降りられなくなった場面に遭遇します。木に登って子猫を助けられるのはホリーしかいませんが、父親との約束も覚えています。

質問
- ホリーは友達がどんな気持ちを抱いていると感じていますか?
- ホリーが木登りをしたところを見たら、お父さんはどう思うと思いますか?
- あなたならどうしますか?

相手の内面を想像できるようになる児童期

児童期の子どもの多くは、下図のレベル2にあたります。他者の視点から自分の気持ちや行動を推測でき、また他人もそうすることができることを想像できます。つまり、互いに相手の内面を想像できるようになり、それが思いやりの心にもつながっていきます。

その一方、相手の気持ちを推測することの難しさも認識するようになり、他者視点が発達したがゆえに、友達関係に思い悩むことも多くなります（➡P18）。

子どもは、年齢とともに他者の立場や気持ちを推測し、調整する能力がついていきます。こうした能力は、対人関係で生じた葛藤を解決する力へとつながり、道徳的判断を行う前提としても大切なものになります。

社会的視点取得能力（役割取得能力）の発達段階

レベル0（3〜5歳）
自己中心的役割取得
自分と他者の視点の区別は難しい。「社会的視点取得能力」を獲得できていない。

レベル1（6〜7歳）
主観的役割取得
自分と他者の視点を区別できるようなる。ただし、「笑っていれば嬉しい」といった表面的な言動から他者の感情を推測する傾向が強い。

レベル2（8〜11歳）
二人称相応的役割取得
他者の視点から、自分の思考や行動について考えることができるようになり、また、他者も同じようにできることを理解する。「笑っていても実は悲しい」といった状況も理解できるようになる。

レベル3（12〜14歳）
三人称役割取得
自分と他者の2つの視点に加え、自分と近しい人だけでなく、第三者の視点をとることができるようになる。

レベル4（15〜18歳）
一般化された他者
としての役割取得
具体的な第三者だけでなく、「社会」「共同体」など、一般化された他者を含む複数の視点が存在する中で、自分自身の視点を理解する。会ったことのない歴史上の人物や他国の人たちの気持ちも、情報をもとに想像できるようになる。

幼児期に獲得した「心の理論」は、児童期にさらに発達する

他者の心を推測する能力については、
比較心理学からスタートした「心の理論」研究もあります。
児童期には、より複雑な「二次の心の理論」を獲得します。

「心の理論」は児童期にはさらに発達する

他者の心を推測する能力については、「心の理論」というテーマでも研究されています。

心の理論は年齢とともに発達していきます。幼児期には、「Aさんは○○だと思っているんだろうな」と、相手が思っていることを推測できるようになる「一次の心の理論」が発達します（➡P106）。児童期の中学年くらいになると、「Aさんは『Bさんは○○と思っている』と思っている」という、自分の頭の中で入れ子になった他者が、も

う1人の他者をどう思っているかを想像できる「二次の心の理論」が発達します（➡下図）。

パーナーとウィマー（Perner & Wimmer）は、右ページのようなストーリーを用いて、「二次の心の理論」について検討しました。その結果、入れ子状になった複雑な信念（二次的信念）は、6〜9歳の間で理解できるようになることが示されました。

二次の心の理論は、いわば自分の頭の中に、吹き出しを何重にも重ねて考えているようなものです。心の成熟とともに、たくさんの吹き出しを重ねて考えられるようになっていきます。

「心の理論」の発達

一次の心の理論

Aは、「Bがくやしがっている」と思っている。

二次の心の理論

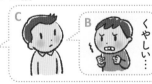

Aは、「Cは、Bがくやしがっていると思っている」と思っている。

誤信念課題「ジョンとメアリーのアイスクリーム屋課題」

次のお話を聞いて、質問に答えましょう。

1 ジョンとメアリーは公園にいます。公園にはワゴン車のアイスクリーム屋があります。メアリーはアイスクリームを買いたいと思いましたが、あいにくお金を持っていません。

2 アイスクリーム屋が午後も公園にいると聞いて、メアリーは、お金を取りに帰りました。

後でお金を持ってきたら？おじさんは午後も公園にいるだろうから。

3 ジョンは公園に残っていました。アイスクリーム屋が公園から去ろうとしたので、声をかけました。

どこへ行くの？

ここは売れないから、教会の前へ行くよ

4 教会までの移動中に、アイスクリーム屋はメアリーに会い、教会へ移動することを伝えました。ジョンは、このやりとりを知りません。

どこへ行くの？

教会へ行くんだ

5 アイスクリーム屋の移動のことを伝えようと、ジョンはメアリーの家へ行きました。するとお母さんが出てきました。ジョンはメアリーを探しに行きました。

メアリーなら、アイスクリームを買うと言ってさっき出て行ったわ

では質問です。 ジョンはメアリーがどこへ行ったと思っているでしょうか？

結果

4、5歳の子は、「教会」と誤答することが多い。8、9歳くらいになると、正しく答えられるようになる。

正解　公園
（ジョンは、「メアリーは『アイスクリーム屋は公園にいる』と考えて公園に行った、と思っている」。）

4、5歳の解答

教会

アイスクリーム屋が本当にいる場所を言う。

8、9歳の解答

公園

自分の頭の中で、入れ子になった他者が、もう1人の他者をどう思っているかを想像できるようになり、課題に正答することができる。

➡ 二次の心の理論 を獲得

「社会的表示規則」や 「入り混じった感情」を理解する

児童期になると、相手を思いやった感情表現ができるようになってきます。
また、児童期後半には、これまでなんとなく体験してきた
複雑な感情を理解し、言葉にできるようになってきます。

相手を傷つけないための 社会的表示規則

社会的表示規則（ソーシャル・ディスプレイ・ルール）という言葉があります。これは、実際の気持ちに関わらず、「このような場面では、こういう表情や感情表現が望ましい」という社会的な暗黙のルールのようなものです。たとえば、がっかりするようなプレゼントをもらったときでも相手を傷つけないよう、笑顔でありがとうと言えるような社会性を身につけていくという

ことです。

社会的表示規則の理解は、幼児期から始まるといわれていますが、6歳頃までは「見せかけの感情」と「本当の感情」を区別できていません。「プレゼントをもらったときは、笑顔を見せる」という単純なルールにしたがって、感情表出していると考えられています。

それが児童期に入り、さまざまな立場の人の気持ちを考えることができるようになってくると、自分の感情表出がどういう影響を与えるかなども考えられるようになり、「見せかけの感情」

がっかりするようなプレゼントをもらったら？

社会的表示規則にのっとって同じ「笑顔」を見せる行為でも、その「理由」は、発達とともに変化していく。児童期になると、「相手が嫌な気持ちにならないように」といった配慮ができるようになってくる。

と「本当の感情」の区別も理解できるようになっていきます。

「ホワイト・ライ」という思いやりのウソ

社会的表示規則は「嘘をつく」という文脈でとらえられることがあります。しかし、ありのままが真実といえるのかどうかも難しい問題でしょう。思いやってのウソは「ホワイト・ライ」ともいいますが、相手の気持ちや文脈を考えることができるようになることが望ましいことです。

「入り混じった感情」を言葉にできるのは10歳以降

人間の感情には、「わくわくするけれど、不安」「怖いけれど、やってみたい」というように、ポジティブな気持ちとネガティブな気持ちを同時に感じることもよくあります。2つ以上の気持ちが存在する「入り混じった感情」に気づくのは、10歳前後ぐらいです。

小学校低学年くらいまでの子でも、「嬉しいだけかな?」などとうながすと、入り混じった気持ちがあることに気づき始めます。ただし、この時点ではまだそれを言葉で表現することはできません。大人が、「嬉しい気持ちと悲しい気持ち、両方体験しているんだね」などと言語化してあげることで、子どもはそういう「入り混じった感情」もあることを、しだいに理解していきます。

さまざまな「感情の経験」を重ねて適切な感情表現を身につける

たとえば、「一緒にテストを受けて、友達だけ合格した」という状況のとき。友達が合格して嬉しい気持ちと、自分は落ちてくやしい気持ち、友達への嫉妬心など、複数の感情が入り混じります。このとき嫉妬や悲しさといったネガティブな感情だけを表現すれば、友達とは気まずい関係になるかもしれません。くやしくても相手をリスペクトする気持ちも抱けていることに気づくことも必要です。自分だけでなく、他の人も複雑な気持ちを体験することを理解すると心の余裕が出てきます。

そのうえで、こうした状況で相手へ配慮した表現ができるかどうかは、大人でも難しいことが多々あります。それだけに、児童期、青年期での周囲の人との関わりが重要です。さまざまな場面で、さまざまな感情を経験し、ときには感情表出を間違ったりしながらも、経験を重ねながら適切な表現方法を身につけていくのです。

おめでとう!
私はくやしい結果だったけど、次がんばるよ!

ルールへの意識や善悪の判断は
どのように変化するのか?

児童期は道徳性が大きく発達する時期です。
善悪の判断基準や規則についての意識については、
ピアジェの研究が有名です。

規則に関する意識は
どう変わるのか

ピアジェによると、「規則」についての認識が芽生えるのは4〜5歳だといいます。このころになると「順番におもちゃを使う」といった簡単なルールを守れるようになってきます。

そこから児童期前半にかけて、「大人が決めたことは正しく、絶対に守るべき」という考え（他律的道徳性）が強くなります。小学校の低学年ぐらいだと、「○○ちゃんが教科書を忘れました」「○○君が廊下を走っていました」など、友達の失敗や悪い行為を、堂々と「告げ口」する子も多いですが、この段階の子にとっては「友達がどう思うか」より、「規則は絶対」という気持ちのほうが強いからだといえます。

友達との関わりが増す児童期後半になると、「親との約束と友情のどちらを優先するのか」といった、道徳的な価値が複数からむような状況に悩み、葛藤を抱えることも多くなります。こうした「葛藤」を重ね、10歳ぐらいになると、「仲間との合意があれば規則を変えてもいい」といった柔軟な考え方（自律的道徳性）ができるようになっていきます。

善悪の道徳的判断は
結果より動機重視へ変化する

「善悪」の道徳的判断については、①動機は悪いが結果的に損害が少ない話と、②動機はよいが結果的に損害が多い話の2つを子どもたちに聞かせ、どちらが悪いか、またそれはなぜか、という質問をして、判断基準の発達を調べています（➡右下図）。その結果、7、8歳頃までは、損害が大きいBが悪いという判断（客観的責任判断）が多く、それ以降では、動機が悪いAのほうが悪い（主観的責任判断）と判断する傾向が見いだされました。

幼児期は善悪の判断基準として被害の大きさ（結果）を重視していたのが年齢を重ねるにつれ、動機を重視するようになったといえます。

「規則は規則！」から「規則は変えられる」へ ～「他律」から「自律」へ～

他律的道徳性（5～9歳）

大人にいわれたことが正しく、絶対に変えられないという考え方。言うことを聞かないと叱られるといった道徳判断をし、行動の意図よりも、結果を重視して善悪を判断している。

帰りにアイス
食べていこうよ

ママにお金は
決まったこと以外は
勝手に使っちゃいけない
っていわれてるから
ダメなんだ

ママとの約束
だから守らないと

自律的道徳性（9～10歳）

他人の意図や状況を見ながら、仲間との合意で決めるなど柔軟に判断できるようになる。

帰りにアイス
食べていこうよ

うーん…
そうだね、食べよう！

友達
づきあいも
大事だもんね

ただし、仲間はずれにされたくない思いや、命令に逆らえないことから同調行動を起こすこともある。

善悪の判断の変化 ～「客観的」から「主観的」へ～

質問 AとBの子ども、どっちが悪いと思う？

A ある子どもが、父のインクで遊ぼうとして少しこぼした（動機は悪いが結果的に損害が少ない話）。

B ある子どもが父のインクが少なくなっていたので、足してあげようとして大量にこぼした（動機はよいが結果的に損害が多い話）。

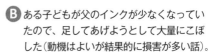

結果 5歳の答え

Bのほうが悪い！
だって、たくさん
こぼして汚したから！
（客観的責任判断）

10歳の答え

Aのほうが悪い。
だってBはパパの
ためにやったことだもん。
量は少なくても、
ふざけたほうが悪い！
（主観的責任判断）

成長するにつれ、**A**が悪いと判断する子が増える。
被害の大きさよりも、行為の動機から善悪を判断するようになる。

ピアジェの考えを発展させた
コールバーグの道徳性発達理論

ピアジェの道徳性の研究は
幼児期・児童期の子どもを対象にしていましたが、
コールバーグは青年期以降も視野に入れて研究しました。

「判断の結果」よりも「判断理由」に注目した

コールバーグ（Kohlberg）は「ハインツのジレンマ課題」（➡下図）のような、道徳的な葛藤状況を含む話を、さまざまな年代の人に聞かせ、質問する方法で、道徳性を3水準6段階に分類しました（➡右図）。コールバーグは、「その行動がよいか悪いか」といった判断の結果よりも、「なぜそう判断したのか」という「道徳的推論」が重要だと指摘し、その「理由」の内容を精査して、道徳性の発達段階を示しました。

社会の法や秩序に対する認識は10歳頃から獲得されていく

第Ⅰ水準の「前慣習的水準」は、小学校低学年くらいに見られる段階です。「規則を破ってはいけない」「秩序を乱すのはよくない」といった一般的な規範意識は弱く、「刑務所はかわいそう

彼は盗むべきだったのか？ 〜ハインツのジレンマ課題〜

ストーリー

ハインツの妻は、病気のために死に瀕していました。妻を救う薬はありますが、とても高額です。薬を開発した薬剤師が、開発費用の10倍もの値段をつけていたからです。ハインツは知人から借金しましたが、全く足りません。彼は薬屋に理由を話し、値引きや後払いを頼みますが、断られました。思いつめたハインツは、薬屋に泥棒に入りました。

1000ドルしかないんです

2000ドルじゃないと売らないよ

質問　●ハインツは盗むべきだったでしょうか？　●なぜそう判断するのですか？

＊ハインツのジレンマ課題は、いろいろと改変されて使われています。

コールバーグによる道徳性発達段階

水準	段階	説明
I **前慣習的** **水準**	**段階1** 罰と従順志向 （他律的な道徳）	罰を避けることを優先し、権力を持つ者に服従して言うことを聞く。
	段階2 道具的相対主義 （素朴な自己本位）志向	自分の欲求が満足させられる場合には言うことを聞く。
II **慣習的** **水準**	**段階3** 他者への同調、 あるいは「よい子」志向	他者から肯定されること、他者が喜ぶことがよい行動であると思う。
	段階4 法と秩序志向	法律や秩序、権威を重視し、社会の構成員の1人としてそれを守ることに価値を置く。
III **慣習以降の** **自律的、** **原則的水準**	**段階5** 社会的契約、法律尊重、 および個人の権利志向	規則を絶対視するのではなく、個人の権利や社会的公平さに価値を置き、正当な理由があれば他の方法もあると考える。
	段階6 普遍的な倫理的原則 （良心または原理への）志向	人間の正義や尊厳、平等を重視する。

だ」「悪いことをしたのだから刑務所に入れてもよい」といった、利己的な思考、あるいは損しないようにといった考えで判断します。

第II水準の「慣習的水準」になると、「規則がある」など、秩序、世間体といった、「他人や社会の視点」から判断しようとします。第III水準の「慣習以降の自律的、原則的水準」になると、「規則自体、完璧であるとは限らない」「人

間の倫理はときに規則を超えるものだ」ということを認識できるようになります。

各水準の年齢は、文化や国によって異なりますが、10歳以降は第I水準が減り、第II水準の段階4が増える傾向が示されています（Colby, Kohlberg, Gibbs & Lieberman, 1983）。10歳以降になると、社会の法や秩序に対する認識が獲得されていくことがわかります。

平等であることが常に正しい？ 公正観はどう変わる？

道徳性と深くかかわりのある公正観は、
平等や公平の真の意味を考えるために必要なものです。
公正さの判断基準はどのように変化するのでしょうか。

「ずるい」「ずるくない」で人はもめる

166ページでもふれた善悪の判断基準には、物事の公平さや正義について考える「公正観」も大きく関わってきます。実際、子どもたちも含めて、人と人との争いは、何かを分けるうえでの「ずるい」「ずるくない」に集約されるような気がします。

たとえば友達同士で集まってお菓子を分けたり、何かの作業を仲間で分担したりすることを「分配行動」といいますが、そういった場面では、量や順番をめぐって「ずるい」「ずるくない」といった公正さが重視されます。「公正観」とは、みんなが満足するためにはどうすればいいのかを考えることでもあります。大人でも、資源や領地などをうまく配分することができず絶えずもめています。

デーモン（Damon）と渡辺（1992）は、こうした「公正観」の発達に注目し、子どもたちにインタビューすることで、公正観の発達段階を見いだしました（➡右図）。

「平等とは何か？」を考えられるようになる

幼児期にはただ自分の欲求を主張していたのが、8歳以降には自分を含め、みんなの意見が反映されているか、一方的に損をする人や得をする人がいないかどうかを判断できるようになります。「がんばっている人がたくさんもらうべきだ」「体が大きい人がたくさんもらうべきだ」など、さまざまな考え方ができるようになり、必ずしも同じ分量で分けることだけが「公平」ではないということがわかってきます。

その場の状況や必要性などもふまえて「公平とは何か？」「平等とは何か？」を考えるようになるのです。

なお、公正観は、国の教育や文化によっても影響の受け方が違います。アメリカの子どもに比べ、日本の子どもは「みんなと同じがいい」と均等を主張する割合が高い傾向が見られます。

公正観の発達段階

段階1（4歳以下）

理由を正当化しようという意図はなく、ただ自分の欲求を主張する段階。

全部ほしいからちょうだい！

段階2（4〜5歳）

依然欲求中心だが、外見的な特徴や性など、何かしらを理由づけして主張するようになる。

この中で私が一番小さいから、お菓子を全部ちょうだい

段階3（5〜6歳）

「絶対的平等」を最も公平と考え、どんな状況下でも、みんな同じであるべきと主張する。

みんなと同じにして！

段階4（7〜8歳）

貢献度や能力など状況要因をふまえて判断できるようになり、分配もそれを反映すべきと主張する。ただし、まだ一方的で柔軟性に欠ける部分がある。

Aちゃんがみんなのために持ってきてくれたから、Aちゃんが一番大きいのを食べるのがいいと思う

段階5（8歳〜）

必要性やそこにいる存在を考えて、量的に妥協して分配するべきと主張する。

みんなはケーキのほかにもたくさんのおやつがあるけど、Aちゃんはケーキしかないから、一番大きいのを食べて

段階6（小学校高学年以上）

さまざまな人の主張や状況の特殊性を理解し、「平等」「公平」の真の意味を考える。場面により判断理由は変わる。

B君はケーキが苦手だからいらなくて、C君はおなかがすいてないから少しでいいみたい。残りはAちゃんとDちゃんと私とで分けるのがいいと思う

スマホのトラブルや依存を避けるにはどうすればいい？

現代人の生活に欠かせないスマートフォンは、
便利な反面、トラブルの元にもなります。
子どもに持たせる場合はしっかりルールを作りましょう。

小学6年生は約半数が自分専用の「スマホ」を所有

　幼児期までは、親の管理のもとで利用することが多かったスマートフォン（以下スマホ）ですが、児童期の後半ともなると、子どもが専用で所有するケースも多くなります。データによると、小学4年生で40%（従来型の携帯電話を含む。以下同）、小学6年生で50%、中学生では約70%の子どもが専用のスマホや携帯電話を所有しています（➡グラフ）。

リスクやデメリットを理解させ、ルールを決めてから持たせる

　何歳から子どもに持たせてよいかといった決まりはもちろんありません。塾や習い事で帰りが遅くなる場合など、安全のために持たせたほうがよいケースもあるでしょう。

　いずれにしても小学生にスマホを持たせる場合には、スマホの特性や危険性を十分に理解させ、親子で一緒にルールを作り、そのルールを守ることを徹底させたうえで与えることが大事で

小中学生が専用の「スマホ」「ケータイ」を所有している割合

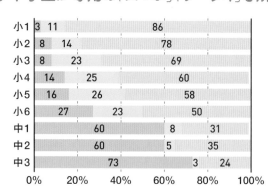

※フィーチャーフォンは、いわゆる従来型の携帯電話のこと。
※スマートフォン、フィーチャーフォン両方所有している場合は、スマートフォンとして集計。

(NTTドコモモバイル社会研究所「モバイル社会白書Web版2020年版」より)

凡例：
- スマートフォン
- フィーチャーフォン
- 携帯電話未所有

学年	スマートフォン	フィーチャーフォン	携帯電話未所有
小1	3	11	86
小2	8	14	78
小3	8	23	69
小4	14	25	60
小5	16	26	58
小6	27	23	50
中1	60	8	31
中2	60	5	35
中3	73	3	24

す。大人が一方的にルールを課すのではなく、「動画やSNSに夢中になって寝不足や体調不良になることがある」「既読無視からトラブルになることもある」など、自分にも起こりがちな事例を示しながら、なぜルールを設定する必要があるのかを説明し、子どもが納得するまで話し合いましょう。

親は子どもにとって一番身近なモデルです。親が見本になるような使い方をしているか、自分自身を振り返ることも必要です。

スマホのトラブルや依存を避けるためにすべきこと

- フィルタリングをかける。

- デメリットやリスクを十分に理解させる。

- 親子で「スマホのルール」を作り、
  ルールを守ることを徹底させる。

- 家族で自然にふれるなど
  スマホ以外の時間を積極的に作る。

- 子どもが楽しんいるアプリなどを親も一緒に楽しむ
  （子どもがどのようにスマホを使っているかがわかり、
  コミュニケーションの機会にもなる）。

- 大事なことは会って話したほうがよいことを教える。

- 親もスマホを使用しすぎない（親は子どものモデルであることを自覚する）。

アプリをダウンロードしたいときはママやパパに聞いてからね

うん、わかった！

4章 児童期の発達

スマホを見ながら話さない

　子どもに「スマホ」を与える場合でも、少なくとも親も子も「スマホをチェックしながらしゃべらない」というルールは作っておくべきです。これは、子どもだけでなく、親も十分注意すべきことかもしれません。実際、子どもに話しかけられてもスマホの画面を見たまま、子どもに注意するときもスマホを見たまま、という親は少なくありません。

　子どもは親に関心を示してもらうこと、注目されることが、自信につながり、安心感につながるのです。親は子どもの一番のモデルです。まずは親がしっかりお手本を見せることが大事です。

いじめ

認知件数は年々増加。
いじめはなぜ起こるのだろう?

児童期は、仲間との「友情」を育む時期である一方で、
「いじめ」という深刻な問題も出てくる時期です。
同じグループの仲間で「いじめ」が起こることもよくあります。

いじめの認知件数は
増加の一途

文部科学省の調査によると、「いじめ」の認知(発生)件数は年々増加し、2015年度は約20万件の認知件数だったのが、2019年度は60万件を超えています。この増加は、いじめの定義の変更や法律の施行(いじめ防止対策推進法、2013年施行)にともない、いじめの考え方や件数の把握の仕方が変わったことが大きく影響しています。以前は悪ふざけの範疇(はんちゅう)とされていたものでも、本人が苦痛を感じていればいじめと認定するなど、早期発見・早期対

応の取り組みが行われるようになっています。

しかし、一方で、いじめによる「重大事態」も増加しています。「重大事態」とは、いじめによって児童生徒の生命、心身などに重大な被害が生じた疑いがあるときや、不登校につながったケースなどをいいます。

多くの子が「いじめ」の
当事者になりうる

従来のいじめは、特定の強い者が特定の弱い者をいじめるというイメージがあったかもしれません。しかし、現代は、被害者と加害者が入れ替わりな

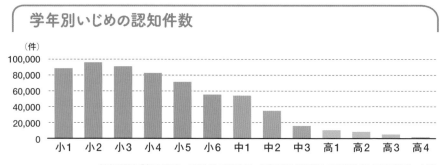

学年別いじめの認知件数

(件)

(文部科学省「令和元年度　児童生徒の問題行動・不登校等生徒指導上の諸課題に関する調査結果」より)

がらいじめに巻き込まれる特徴がある
といわれています。

森田（2010）は、「いじめ集団の4層
構造モデル」を提唱しています（➡下
図）。傍観者の中から、いじめを止める
「仲裁者」が現れることが期待されます
が、被害者と加害者が頻繁に入れ替わ
れる現代のいじめの中で、次のターゲ
ットにならないよう傍観者でいようと
する子が多くなっています。

いじめの予防に向けて

いじめをなくすことは簡単ではあり
ませんが、加害者・被害者への個別の
対応だけでなく、クラス全体、学年全
体、学校全体といった集団全体を視野
に入れて、いじめを予防していくため
の土壌を作り出すことが必要です。

普段からいじめが生じないよう、ま
た起きても児童生徒自身による自浄能
力や大人へのSOSを適切に発信できる
ような予防のための取り組みをカリキ
ュラムに入れる対応が求められます。

被害者の援助要請のスキルを高めた
り、加害者のアンガーマネジメント、
傍観者の介入の仕方など、具体的対応
が教えられつつあります。

いじめの構造（いじめ集団の4層構造モデル）

いじめの構造は、単に被害者と加害者という図式だけでなく、はやし
立てたりする「観衆」や、見て見ぬふりをする「傍観者」の4層から
なると考えられています。

（森田,2010をもとに作成）

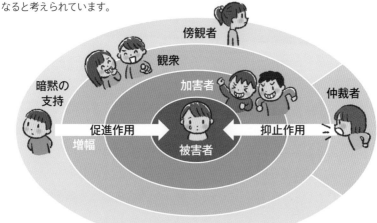

傍観者は、加害者に「冷ややかな態度」を示せばいじめを抑止する存在となるが、そうした
態度を示さない場合、暗黙の支持として、いじめを促進する存在になるとされる。

不登校は「必要な充電期間」と とらえて対応する

児童生徒が登校しない、あるいは登校したくてもできない──。
不登校は子ども自身が一番苦しんでいます。解決をあせらず、
学習や自立を手助けする方法を見つけることが大切です。

学年が上がるつれ増え、中学生でさらに増える

不登校は「年間30日以上欠席した者のうち、病気や経済的な理由による者を除いたもの」と定義されています。文部科学省の調査によると、2019年度の不登校の子どもは、小学生5.3万人、中学生12.8万人、高校生5万人となっています。在籍数に占める割合は、小学校0.8％、中学校3.9％、高校1.6％で、中学生が最も多くなっています。

不登校の要因は、友人関係、教師との関係、家庭の事情、いじめ、無気力、学業不振などさまざまで、これらの要因が複雑に絡み合って起こると考えられます。不登校が長期化することで、不登校のきっかけの要因と、不登校を続ける要因が変化する場合もあります。当初は「友人関係」で不登校になったのが、クラスが変わり友人関係の問題が解消しても、勉強についていけなかったり、クラスや学校での居心地の悪さを感じたりして、再び不登校に戻っ

てしまうといったケースです。

周囲のサポートを受けながらその子の最善の方法を探す

子どもが学校へ行きたくない・行けないという状況で、無理やり登校させようとしたり、「他の子は行っているのにどうしてなの？」など、子どもを追い詰めるような言動は禁物です。子どもは罪悪感が大きくなり、がんばる気持ちも低下してしまいます。

子どもが不登校になったら、それは「回復に必要な充電期間」ととらえ、まずは家でゆっくり休息させることが重要です。そのうえで学校やスクールカウンセラー、学外の教育相談機関などに相談しながら、不登校の要因や今後の対応を考えていくことになります。

子どもの性格のせいにせず、環境を変えていくという対応の方法も必要です。大事なのは、その子の「居場所」をしっかり作ることと、前向きになって将来自立して生きていく力を養うことです。必ずしも学校への復帰が最善

不登校から復帰までの過程

下記は回復までの過程のひとつのパターンで、すべてのケースにあてはまるわけではありません。その子の状態を正しく把握し、個別に対応することが大事です。

1 不登校の兆候

- 頭痛や腹痛など体調不良を訴える。
- 朝は登校をめぐって葛藤する（玄関先でうずくまる、暴れるなど）。
- 朝、なかなか起きられない。　● 学校に行ったり行かなかったりする。

➡ この段階で子どもが理由を話してくれるようなら解決に向けて動く。ただし無理やり聞き出そうとしたり、強く登校をうながしたりしない。休息をとらせることも大事。

2 混乱の時期

- 登校を強くうながすと、不安定になる（暴れる、自傷行為、過剰な不安など）。

3 ひきこもり

- 登校する気力がなくなり、不登校の状態になる。
- 昼夜逆転生活や過剰な睡眠、ゲーム・ネット依存など生活の乱れが目につく。

➡ 子どもの気持ちとしては、登校をめぐるそれまでの心理的負担からやっと解放されたが、心の疲れがたまり、エネルギーが切れている状態。この時期は子どもにとっての充電の時期ともいえる。

4 回復のきざし

- ある程度エネルギーがたまり、好きなことはできるようになる。
- 「退屈だ」「ひまだ」といった言葉が出てくる。　● なんらかの行動を起こし始める。
- 友人や学校、勉強などに関心が戻ってくる。

➡ 本人の意思を確認したうえで、本人とカウンセリングしたり、学校を含め、回復後の学習先や支援先（フリースクール、適応指導教室等）を検討したりできるようになる。

5 活動の再開

- 徐々に自信を回復し、学校あるいは学校以外の機関に通い始める。
- 最初のころは登校するだけでどっと疲れるので、しばらくは不安定な登校が続く。

ではない場合もあるでしょう。通信教育・家庭教師による自宅学習や学習塾、フリースクール、場合によっては転校など、子どもの状況や希望によって、これからの道を考えることが必要です。

人間関係をスムーズにするためのスキルやコツを学ぶ

児童期は、友達関係のトラブルや悩みも出てくる時期です。「人との関わり方」という抽象的なことを、具体的な方法で学ぶことがソーシャルスキルトレーニングです。

スーシャルスキルトレーニングとは？

社会の中で他者と関わりながら生きていくために必要な能力（考え方、感じ方、振る舞い方）を「ソーシャルスキル」といいます。「対人関係を円滑に築き維持するスベやコツ」という言い方もできます。

子どもが身につけたいソーシャルスキルは、下図のようにさまざまあります。本来であれば、こうしたスキルは、家族や友達、社会との関わりの中で自然と身につけていくものでもあります。しかし、少子化や都市化、ネット社会化などで、子どもたちがさまざまな人から直接学ぶ機会が減っています。

そこで、現代では学びにくくなっている抽象度の高い事柄を、子どもたちが理解しやすいソーシャルスキルに具体的に「見える化」し、スベやコツというフォーム（形）に落とし込んで教えるのが「ソーシャルスキルトレーニング」です。

現在ソーシャルスキルトレーニングは、小学校から中学校で広く行われており、おもに右ページの5つのステップで行われます。もちろん5つのステップを参考に家庭で教えることもできます。

児童期に教えたいおもなソーシャルスキル

- 自己紹介のスキル
- 話すスキル
- 聴くスキル
- 感情を理解するスキル
- 感情に対処するスキル（キレないスキル）
- 謝るスキル
- 上手に断るスキル
- 相手に気持ちを伝えるスキル
- 温かい言葉をかけるスキル
- 仲間に入るスキル
- 自尊心を上げるスキル
- レジリエンスを高めるスキル

性格のせいではなく、ソーシャルスキルが未熟

ソーシャルスキルトレーニングの根底には、子どもたちの問題を性格のせいにしない、という考え方があります。

たとえば「引っ込み思案で友達とうまく遊べない」などのように、問題を性格のせいにするのではなく、「今で

きないのはソーシャルスキルが未熟だから、まだ学んでいないから」と、とらえます。子どもの人格にレッテルを貼らずに、「仲間に入るスキルを学べば遊べるようになる」と考えるのです。このよう説明することは、子どもにとっては救いであり、トレーニングしだいで自分を変えることができるという希望を与えることにつながります。

ソーシャルスキルトレーニングの5つのステップ

1 インストラクション
（学ぶスキルの内容を説明する）

たとえばどうして「聴く」ことが大切なのかを、対象となる子どもたちの発達（理解する力、ボキャブラリー、現在の状況など）をふまえて、わかりやすく説明する。

▼

2 モデリング
（お手本を見せる）

「聴くスキル」が具体的にどのような態度や行動、ときには考え方や感じ方なのか、よいモデルを見たり悪いモデルを見たりして、どこがよいか悪いかを考えさせる。実際に演じてみせたり（ライブモデル）、ビデオを活用したりする。

▼

3 リハーサル
（実際にやらせる）

たとえば相手に身体を向ける、相手の顔を見る、話を聞きながらうなずくといった3つのポイントがあることに気づかせる。説明されたり、見たりするだけではなかなか身につかないので、ペアワークやロールプレイを用いて身につけさせる。

▼

4 フィードバック
（細かいことをアドバイスする）

どこがよいのか、あるいはどうすれば改善するかを適切に伝える。フィードバックには強化理論に基づいて効果的な強化子を考える必要がある。

▼

5 チャレンジ
（他の場面でも試す）

家の人と話すときに試してみよう、他の人とも試してみよう、といった課題を出し、他の場面でも応用できるようにする。一般化や維持の理論に基づくと、さまざまな課題の出し方に工夫が必要である。「ホームワーク」ともいう。

発達障害を理解しよう

「発達障害」という言葉が広く知られるようになってきました。
最近は、子どもの10人に1人が発達障害であるともいわれていますが、
発達障害とはどのようなものなのでしょうか？

発達障害は、発達に関わる各障害の総称

「発達障害」とは、脳機能の発達のアンバランスにより、行動面・情緒面にさまざまな特徴が現れ、そのため生活上の困難を抱えている状態のことをいいます。医学的には「神経発達症群」ともよばれます。

発達障害や神経発達症群は、それ自体が診断名ではなく、いくつかの障害の総称です。本書では、代表的な発達障害として、「自閉スペクトラム症（ASD）、「注意欠陥・多動症（ADHD）」、「限局性学習症（SLD。学習障害やLDという名称も一般的）」について解説します。上記3つの違いは、おおまかにいうと、どの発達の領域に問題（障害）があるかの違いです。

ASDは社会性等、ADHDは注意力や行動のコントロール等、SLD（LD）は学習能力等において、それぞれ発達の特性があります。この特性の違いのために、たとえばASDの場合は対人関係

発達障害者支援法と障害の名称

日本には、発達障害者に対する学校教育の支援や就労支援などについて定めた「発達障害者支援法（2005年施行）」がありますが、この法律に明記されている各障害と、医療現場での診断名が変わってきています。これは、発達障害の診断は、アメリカ精神医学会の「DSM」や、世界保健機構（WHO）の「ICD」が用いられていますが、発達障害者支援法が成立した後に、DSM-4（第4版）が改訂されDSM-5（第5版）になり名称変更が行われたためです。たとえば、発達障害者支援法に支援対象として明記されている、「自閉症、アスペルガー症候群その他の広汎性発達障害は、DSM-5では「自閉スペクトラム症」という1つの名称にまとめられています。また、かつて使われていた学習障害（LD）は、現在DSM-5では「限局性学習症（SLD）」という名称で説明されています。

でトラブルを起こしやすい（誤解されやすい）、ADHDでは落ち着きがなく授業中に立ち歩いたりする、SLD（LD）では勉強についていけなくなる、などの問題が目立ってくることがあります。

「定型発達」と「発達障害」は明確に線引きできない

発達障害の症状は多岐にわたります。

たとえば、ASDでは「会話が一方的になりやすい」「順番や物の位置にこだわる」、ADHDでは「物をなくしやすい」「落ち着きがない」などがあります。こうした症状だけ見ると、「自分にもそういう傾向がある」と思った人も多いかもしれません。

実は発達障害と「定型発達（心身の発達に遅れや偏りがない状態）」の間には、明確な線引きがありません。

発達障害のひとつである「自閉スペクトラム症」の「スペクトラム」とは「連続体」という意味で、自閉傾向が非常に強い人から、軽い人、そして定型発達の人までグラデーションのように一続きのものとして考えられています（➡右図）。

実際だれでも多かれ少なかれ、発達障害の特性を持っています。発達障害の症状にいくつかあてはまるからといって、発達障害の診断が下るわけではありません。実際の診断では、該当する症状が見られ、かつその症状が強く、継続的に現れ、そして生活上に困難が生じている場合に診断されます。

また、発達障害は、いくつかの種類を併せ持っているケースが多いのも特徴です。障害が重なると、症状の現れ方はさらに複雑になり、関わり方もより難しくなります。

いずれにしても大事なのは、障害かどうかではなく、困っているかどうか、です。発達障害の診断がないとしても、養育者が育児の悩みを抱えたり、子どもが生きづらさを感じていたりするのであれば、当然何かしらの支援を求めたり、相談したりするべきです。

自閉スペクトラム症のイメージ

自閉スペクトラム症　グレーゾーン　定型発達

強 ← 自閉症の傾向 → 弱

▶ 自閉スペクトラム症（ASD）とは?

　自閉スペクトラム症（ASD）は、知的障害をともなうケースと、ともなわないケースがあり、発達障害の中でも特に症状や程度の差が大きい障害です。

　ASDは、幼児期のころから、他者とのコミュニケーションが極端に苦手だったり、強いこだわりがあったり、感覚が過敏だったりといった症状が見られます。

　定型発達の乳幼児に見られるような、視線を合わせる、指さし（➡P66）、人見知りなどが現れないことが多いといわれます。「心の理論（➡P106）」の誤信念課題でもつまずきやすいことが示されており、状況から他者の心を推察することが苦手であるがゆえに、対人関係のトラブルなどにもつながりやすいことが考えられます。

自閉スペクトラム症（ASD）の特徴とおもな症状

① 社会的コミュニケーションおよび
　対人的相互作用の持続的な欠陥

- 他者と興味や感情を共有することが少ない。
- 臨機応変に振る舞うことが難しい。
- 自分の関心事に話が集中し、会話が一方的になりがち。
- 非言語的コミュニケーション（アイコンタクトや身振りなど）が不得手。
- 表情の変化が乏しい。
- 仲間関係への関心が乏しい。
- ごっこ遊びをしない。

② 行動、興味、活動の限定された
　反復的な様式

- 常同的・反復的な行動（同じ動きを繰り返す、おもちゃを並べる、独特の言い回しをするなど）
- 順番や物の位置、ルーティン行動への強いこだわり（毎日同じ道を通るなど）。
- 特定の狭い領域への非常に強い、執着ある興味（魚でも特定の種類に興味を示すなど）。
- 感覚過敏または感覚の鈍麻（音への過敏さや痛みへの鈍感さなど）。

▶ 注意欠陥・多動症（ADHD）とは?

　注意欠陥・多動症（ADHD）の症状は、大きく①不注意によるものと、②多動・衝動性によるものがあり（➡右上図）。どちらか一方の症状が多いケースもあれば、両方の症状が目立つ混合タイプのケースもあります。

　ADHDの行動特性は、定型発達でも幼少期にはよく見られるものでもあるため、ごく小さいころには気づかず、就学前期から児童期に、周りの子どもたちが落ち着いてくることで、相対的に症状が目立つようになり、気づくケ

ースがよくあります。

ADHDの子の特性は、本人の努力不足や、しつけの問題だと誤解されるこ

とも少なくありません。「困った子」というレッテルを貼られたり、叱られたりすることも多くなりがちです。

注意欠陥・多動症（ADHD）の特徴とおもな症状

① 不注意

- 細やかな注意ができず、ケアレスミスが多い。
- 注意を持続することが難しい。
- 忘れ物や紛失が多い。
- 順序立てて活動に取り組めない。
- やるべきことを最後までやり遂げない。
- 宿題のように集中力が必要なことを避ける。

② 多動・衝動性

- 落ち着きがない。
- そわそわする。
- 静かに遊んだり、余暇活動できない。
- 順番を待つのが難しい。
- 他人の会話やゲームに割り込む。
- 衝動性が高く、じっとしていられない。

▶ 限局性学習症（SLD）／学習障害（LD）とは?

DSM-5では「限局性学習症（SLD）」といいますが、日本では「学習障害（LD）」とよばれていて、後者の名称のほうが一般的です。

SLD（LD）は、全般的な知的発達には遅れがないにもかかわらず、①読み、②書き、③算数（計算・推論）といった能力のうち、特定のスキルの獲得や

使用に著しい困難がある状態をいいます。

症状には個人差があり、文字や計算の学習が始まる学齢期に明らかになることもあれば、高学年になって画数の多い漢字の学習や、時間内に試験問題に答えるなどのより高度な活動の中で明らかになることもあります。

限局性学習症（SLD）／学習障害（LD）のおもな症状

① 「読み」の困難

- 文字や単語を読むことに困難さがある（読み間違いをしたり、たどたどしくゆっくり読んだりする）。
- 読んでいるものの意味の理解が難しい。

② 「書き」の困難

- 字を綴ることに困難さがある（書き間違いが多い、時間がかかるなど）。
- 文章の中で、複数の文法または句読点の間違いをする、考えていることを書き文字でうまく表現できないなど。

③ 「算数（計算・推論）」の困難

- 数の概念（大きさ、量、割合、単位など）や、計算（繰り上がり・繰り下がりや筆算など）の習得が難しい。
- 数学的推論の困難さがある（文章題を読んで計算式を導き出すなど）。

不適切な関わりが
二次障害につながることも

　発達障害は、発達の特性のひとつで、一生つきあっていく可能性が高いといえます。ただし、早めに気づき、その子に合った環境を与え、療育（障害のある子が社会的に自立するために行う教育や医療的な援助）などを通じて「ルール」を覚えていくことで、「生活上の困難さ」や「本人の生きづらさ」を減らすことができ、周囲の理解によっては楽しく生活できるものです。

　一方で、発達障害の子に対して、「ふつうのこと」を押しつける、「失敗」のたびに叱責をするなど、周囲の大人の不適切な関わり方によっては、症状を悪化させることもあります。

　発達障害の子は、他の子が簡単にできることができないといったことで、自信を失いがちです。今度も失敗するのではないかという不安から、常に緊張した状態で過ごしているケースも多くあります。いじめの標的になるケースも少なくありません。挫折や傷つき体験を繰り返した結果、自己評価が著しく低下し、うつや強迫性障害、心身症、睡眠障害、ひきこもりなどの深刻な二次障害に結びつくこともあります。

子どもの
「得意なこと」を伸ばす

　たとえばASDの子は人との関わりが苦手なケースも多いですが、興味のあることをとことん追求する集中力があります。ADHDの子は落ち着きがないことも多いですが、一方で創造性が豊かであるということもよくいわれます。子どもの特性をよく理解し、その子にあった環境や学び方を整え、子どもが無理なく自分らしく発達する手助けをすることが大事です。

　また、ASDやADHDの場合はソーシャルスキルトレーニング（➡P178）も、子どもの社会適応を改善し、他者とのトラブルを減らすことに効果があります。そして、これは発達障害があってもなくても同じですが、子どもは「ほめて育てる」が基本です。

　障害の程度に関わらず、家庭の中だけで問題を解決するのは難しいところがあります。発達障害かもと思ったら、また発達の面で何か困ったことがあったら、周囲のサポート機関や医療機関に相談・受診しましょう。医療機関以外の相談先としては、発達障害者支援センター、児童相談所、市区町村の子育て相談窓口などがあります。

5章

青年期の発達

. . . .

小学校を卒業するころには、ぐんと背も伸び、
身体的な成熟が始まります。
学びの内容はさらにレベルアップしていくなかで、
思考力もぐんと大人に近づきます。
それでも心はまだ意外と「子ども」だったりします。
大人と子どものはざまで激しく揺れ動く
青年期の発達を見ていきます。

青年期はどんな時期？

青年期と思春期

　発達心理学における「青年期」の範囲は、研究者によっても異なりますが、おおむね中学生（12歳頃）から20代半ばくらいまでの時期をさします。

　また「思春期」という言葉もあります。思春期は、第二次性徴（➡P188）に代表される身体的成熟の時期をさします。第二次性徴が訪れる時期は個人差があるため、思春期の時期には幅がありますが、おおむね小学校高学年くらいから高校1、2年生くらいまでの時期をさします。一般的な発達の区分で見れば、児童期の後半と青年期の前半にまたがる時期となります。

　思春期は、身体的な変化にともなっ

青年期の発達とキーワード　＊ ☐ はピアジェの認知発達段階。

12歳（中学生）

児童期	青年期

思春期（10歳頃〜16、17歳頃）

形式的操作期

第二次性徴
➡P188

抽象思考と
時間的展望の発達
➡190

第二次反抗期
➡P196

もう放って
おいてよ！

青年期の
自己中心性
➡P192

親よりも
友達！
➡P198

て情緒面の変化も大きく現れる時期で、発達の面では非常に興味深い時期のひとつです。

子どもでもない 大人でもない時期

身体的成熟が進む青年期は、見た目はほとんど大人と変わらなくなります。思考も、ピアジェの認知発達段階では、最後の第4段階である「形式的操作期」に入り、抽象的な思考ができるようになります。思考の質はほとんど大人と変わらないものになります。

とはいえ、子どもとはいえないけれど、大人ともいいきれないのが、青年期の子たちです。頭の中でいろいろなことを考え、あれこれ悩み、ときに親や教師に反抗的になったりします（第二次反抗期➡P196）。

やがて「私って何?」といった自己の問い直しが行われ始め、自分はどんな存在で、何に向いているかといったことを考え始めます。将来を現在の延長として「現実的なもの」としてとらえるようになり、自己のアイデンティティ（➡P202）を模索するようになります。アイデンティティはエリクソンが重視した青年期の発達課題です。

15歳（高校生）	18歳（大学生など）	25歳頃
		成人期

そもそもぼくって何なんだろう…

アイデンティティの探求（自分探し）
➡P202

私は私！この道へ進む！

アイデンティティの確立
➡P202

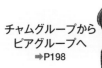

チャムグループからピアグループへ
➡P198

恋愛関係の発達
➡P200

急速な身体の変化は心にも大きな影響を与える

児童期後半から中学生にかけての「思春期」は、
身体的な変化とともに始まります。
身体の急な変化は心にも影響を与えます。

児童期後半から始まる第二次性徴

中学生になる前後から、身長が一気に増加します。この時期の急激な伸びのことを「成長スパート」といいます。

また、この時期、性ホルモンの分泌がさかんになり、女子は女性らしい体型に、男子は男性らしい体型に変化し、身体の内部の生殖機能が成熟します（➡右図）。これらの身体成熟とそれにともなう精神的変化を合わせて「第二次性徴」とよびます。第二次性徴が現れる時期には個人差があるものの、一般的に男子より女子のほうが早い傾向があります。なお、胎児期に生殖器官が形成されることを「第一次性徴」といいます。

身体の変化にとまどう子どもたち

第二次性徴では、ホルモンの分泌量の変化や身体の性差の変化そのものよりも、その変化がもたらす不安や緊張、とまどいといったものが心理面に大きな影響を与えます。自分ではどうにもできない身体の変化や、大人に近づくという生々しい身体内の変化に、大半の子どもは、喜びだけでなく、おびえなどの否定的な感情を持ちます。また、人にどう見られているかが、児童期にも増して気になります。

やせ願望と自尊心

特に女子は、体重増加にともなう自分の体型に否定的な感情を抱きやすくなります。そして、時代や社会の風潮にもよりますが、痩身願望が強い思春期を迎えると、理想とする体重でないと自尊心が低下しやすいようです。体重のコントロールによって痩身を維持できると自尊心が高まる場合がありますが、行き過ぎると摂食障害に陥ることもあります。最近は、女子だけでなく、男子も体型を気にする人が増え、やせ願望が高まっています。またやせ願望の低年齢化も指摘されています。

第二次性徴により現れる身体のおもな変化

女子
- 乳房が発達する（身体に丸みが出る）
- 子宮や卵管が成長する
- 陰毛、わき毛が生える
- 初経（はじめての月経）が起こる
- 皮下脂肪が増大する
- 骨盤が発達する

男子
- 筋肉や骨格が発達する
- 精巣が増大する
- ヒゲ、陰毛、わき毛が生える
- 精通（はじめての射精）が起こる
- 声変わりが起こる

自分ではコントロールできないため、「受け入れられない！」と思う子もいる。

ホルモンバランスの影響で思春期にはニキビができやすくなり、悩む子も多い。

「身体の変化」により自分にも周囲にも変化が起こる

自分自身へ関心が向く

急激な身体の変化により、自分の身体に関心が向き、それがやがて自分の内面への関心にもつながる（自己概念の変化➡P194）。

異性への関心や性的な関心が高まる

体型の変化とともに性意識も強くなり、異性と親しくなりたいなどの関心も高まる。

周囲と比べる・比べられる

第二次性徴が訪れる時期には個人差があるため、周囲と比べたり比べられたりすることで、劣等感や優越感が生じることがある。また、身体の変化がいじめやからかいにつながることもある。

周囲の見方や親子関係が変わる

周囲から子ども扱いされなくなり、子ども自身も大人への見方が変わる。身体が大きくなり力もつくことで、親をそう強くないものととらえるようになり、親子関係に変化が訪れる（➡P196）。

思考力が発達し
物事を深く考えるようになる

青年期は、抽象的なことについてあれこれと考える時期です。
自分とは何か、社会とは何かなど、想像の世界についてもあれこれ考え、
他方で、正義感から社会や権威に対して批判的にもなります。

抽象的なことも
考えられるようになる

ピアジェによれば、青年期は形式的操作期にあたります。具体的操作期から形式的操作期に移ると、それまで具体的に示さなければ論理的に思考できなかったのが、目の前にない想像・仮定上の話や、数字や記号といった抽象的な事柄についても論理的に考えられるようになります（➡P134）。

実際、小学校までの「算数」は、中学校では「数学」となり、xやyを使った数式や、証明問題などが登場します。学校教育の場も、こうした発達理論に合わせたカリキュラムになっているのです。

なお、形式的操作期は11歳頃からとされていますが、同年齢の子がみな抽象的思考を獲得しているわけではありません。ピアジェの認知発達段階についての年齢はあくまで目安です。特に「形式的操作」の獲得は、個人差や文化差が大きいといわれています。

目に見えない「人の心」も
深く考えるようになる

この時期になると、心理的な側面や対人関係についても抽象的に考えられるようになります。

たとえば「自分とは何か?」「Aさんのあの言葉の裏には別の意味が隠されているのではないか?」など、自分についても他者についても深く考え、頭を悩ますようになります。

また児童期よりさらに時間的展望（➡P18）が発達し、将来に対して明確で具体的な予測ができるようになります。自由気ままな夢物語ではなく、今生きている現実とつながる未来として、自分の将来を想像することができるようになってくるのです。

一方で、将来について悲観的な想像をしたり、過去の失敗を思い出して自信をなくしたりするなど、時間的展望のスパンが広がるぶん、葛藤や悩みも多くなっていきます。

社会や権威に
いらだちを覚える

　青年期は、社会の成り立ちや、世界で生じるさまざまな問題にも関心が強くなっていく時期です。環境問題や戦争などのニュースを見て、1人の人間として何かできることがあるんじゃないかといった「責任」や「責務」を、感じ始めたりもします。

　こうした道徳的な価値に気づき、内面的に深めていく一方で、親や、教師、あるいは社会など、「権威」を持つ者への反逆的な気持ちも、わき起こるようになります（➡P196）。批判が高まるわりには、自己本位で現実的な解決力に欠けていることから、いらだちも強いものとなります。

「社会的な考え」も抽象的になってくる青年期

自分とは何だろう？

ぼくの本当の能力はどれくらいなんだろう？

大人になるってどういうことだろう？

何のために生きているのだろう？

なぜ学校へ行かなければならないのだろう？

なぜ罪を犯す人がいるのだろう？

どうして差別はなくならないんだろう？

本当の優しさってどういうことだろう？

宇宙の始まりって？

抽象的なことについて深く考え、自分なりの価値観や道徳性を深めていく一方で、さまざまな悩みや怒りを抱えるようにもなる

社会や世界のことを考える

世界の出来事や社会問題なども理解できるようになり、1人の人間としての責任感や責務を感じ始めるようになる。

過去や未来のことで悩む

いつまでも過去を引きずったり、不確かな将来のことを考えて不安になったりする。

「権威」への批判や反抗心が芽生える

親や教師、社会への矛盾や疑問が生じ、「権威」に対する批判や反抗心が芽生える。

幼児期とは違う
青年期特有の自己中心性

「自己中心性」といえば、幼児期の子どもの大きな特徴のひとつですが、
実は青年期にも、青年期特有の「自己中心性」があります。
特に青年期前半に現れます。

青年期特有の自己中心性がある

自己中心性とは、本来、幼少期に自他の区別が未分化であるため、他者の視点で考えたり話したりすることが難しいことをいいます（➡P84）。ところが、形式的操作思考を獲得し、他者の立場になって物事を考えることができるようになったことで、青年期には新たな自己中心性が生じます。

青年期の自己中心性には、「想像上の群衆」と「個人的寓話」という、2つの概念があります。

おままごとしよう！
Aちゃんもおままごと
好きでしょ！

幼児期の自己中心性は、自分が楽しければ相手も楽しいと思うような、とらえ方。

私は楽しかったけど、
Aちゃんはもしかしたら
楽しくなかったの
かも……

青年期には他者の視点で考えることができるようになるはずだが……。

青年期の自己中心性から過剰な自意識が生まれる

「想像上の群衆」とは、たとえば自分の顔にニキビが1つできたとき、他人もそのニキビを見ていると強く思い込むことです。このように他者に見られているという意識が過剰になることをいい、13〜15歳頃に強く見られます。

一方、「個人的寓話」とは、自分や自分の考えが特別で独創的であると考えることです。たとえば、はじめての恋愛で失恋した際に、地球上のだれも感じたことのないようなひどい苦しみを、自分だけが受けているように感じたりすることです。それでも、多くの人と関わる経験を重ね、他者からの視点を正しく推論する力がついてくると、しだいにだれもが陥りやすい自己本意なところに気づき始めます。そして、自分の価値観を受け入れるとともに、他者の価値観も大事にしたいという互恵性を理解できるようになり、18歳頃には収束するとされています。

青年期の自己中心性とは

青年期の自己中心性には、おもに次の2つの概念があります。

想像上の群衆

周囲から見られているという意識が過剰になり、自分が「そうだ」と思うことは、他者も同じように思っていると考えてしまうこと。たとえば、自分が気にしている小さなニキビや口臭を、周囲の人も気にしたり嫌がったりしていると思い込む。

ぼくの顔を見て笑っていたのかも……

個人的寓話

自分が多くの人にとって重要な存在だと信じ、自分は特別な存在であり、自分の考えや関心は非常に特殊で独自性のあるものだと思うこと。ある出来事によってみじめさや苦しみを味わうと、自分だけがこんな目にあっていると思い込む。

こんなに苦しい思いをしているのはきっと私だけ……

「理想自己」と「現実自己」

外見や能力、また行動や生活などの面で「自分はこうありたい」と考える理想的な自分の姿のことを「理想自己」、自分はこのように思われているだろうと考える自分の姿を「現実自己」といいます。

青年期は、この2つのギャップに悩むことがあります。また、ちょっとした落ち度でもひどく気にして「自己嫌悪感」にかられやすくもなります。これも理想自己と現実自己のズレからくるものといえます。このズレが大きすぎると、悩みが深刻になります。

青年期、特に前半の思春期にはこうしたネガティブな感情にとらわれやすくなり、葛藤も多く経験します。しかし、こうした葛藤の経験を積み重ねていくなかで、他者からの適切なサポートがあると、しだいに「自分は何者か?」といったことの答えであるアイデンティティ（➡P202）が確立されていくとされています。

理想とする自分と現実の自分が一致している部分が多いと、自己否定や悩みが少ない。

理想とする自分と現実の自分が一致する部分が少なく、ズレが大きいと、自己否定が強くなり、悩みも深刻になる。

自己の内面を見つめる青年期。
自己概念も具体から抽象へ変化

自己概念は年齢によって変わります。
青年期には、児童期までとは違い
抽象的な概念で自己をとらえるようになります。

自分が自分をどう見ているかがわかる「20答法」

ここでテストをしてみましょう。「私はだれ?（Who am I?）」という問いに対して、「私は○○」という文を20個作ってください。制限時間は5分です。あまり深く考えずに、思いついたことを書いてください。

1.	私は 女です	。
2.	私は 音楽が好きです	。
3.	私は けっこうまじめです	。
4.	私は	。
5.	私は	。
6.	私は	。
7.	私は	。
	⋮	
19.	私は	。
20.	私は	。

自分が自分をどう認識しているかがわかる「20答法」

さて、上の質問にどのようなことを書いたでしょうか？ 20個全部書けたでしょうか？ 外見的なことが多いでしょうか？ それとも内面的なことが多いでしょうか？ またポジティブな内容とネガティブな内容どちらが多いでしょうか？

上のテストは、クーンとマックパーランド（Kuhn & McPartland）が作成した自己分析のテストです。

あなたが書いた20個の答えは、すべて「自己概念（自分自身について持っている考えやイメージ）」です。これら自己概念に価値の良し悪しが入ると、「自己評価」になります。たとえば、「絵が得意な自分は好き」「すぐに腹を立てる自分は嫌い」などが自己評価です。

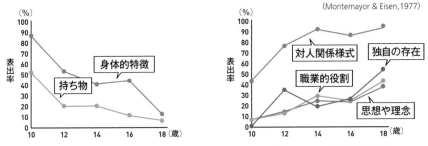

20答法による年齢別の自己概念の変化

(Montemayor & Eisen,1977)

幼い頃は身体的特徴や持ち物で自分を表現していたのが、年齢とともに対人関係や性格、思想など、抽象的な事柄で自分を表現するようになる。

つまり、20答法を通して、自分自身をどのようにイメージし、どのように評価しているのか、普段意識していなかったところをとらえることができます。

「自己概念」は年齢とともに変わる

この20答法を用いて、モンテメイヤーら（Montemayor & Eisen,1977）は、自己概念の発達的な変化を調べました。

上のグラフにあるように、幼いときは、身体的な特徴や持ち物など具体的なもので自分のことを表現することが多く、年齢とともに「友達がいっぱいいるよ」といった対人関係に関わる特徴

や能力で自分を表現するようになります。青年期になると、さらに対人関係に加え、人生についての思いや考え方、自分の性格などで自己を表現することが多くなります。青年期には、自己の内面に意識が向き、抽象的な自己概念を持つようになることがわかります。

このように自己に向き合い、自己概念を深く受け入れていくなかで、青年期は、現在の自分だけでなく、将来の自分や社会の一員としての自分についても考えるようになり、「自分とは何か」「自分はどう生きるのか」といったことについても自分なりの考え方を安定的に持つようになっていきます。

親と距離を置き始め 関係が変化していく

青年期は親子関係が大きく変化する時期です。
子どもの精神的な自立が始まり、
新たな親子関係を構築していきます。

第二次反抗期と 精神的な自立

幼児期や小学校低学年のころは、親の言うことが絶対的に正しいと思っていたのが、友達の意見を聞き、抽象的思考を獲得していくなかで、親の矛盾した側面にも気づくようになります。そして、親の考え方や発言に反抗心を持つようになったりします。このように親や教師、あるいは社会に対して、思春期・あるいは青年期の子どもが批判的な態度をとることを「第二次反抗期」とよびます。

子どもは親とは違った価値観や信念、理想を確立していこうと心理的な葛藤をしながら、今までのように親に頼るのではなく、どう親と向き合えばよいかを模索する時期に入ります。反抗的な態度やぶっきらぼうな物言いなど、親子関係がぎくしゃくすることもあります。

1900年代初頭に活躍した心理学者のホリングワース（Hollingworth）は、児童期から青年期にかけて親への精神的な依存から離れることを、乳児の「離乳」になぞらえて、「心理的離乳」と表現しました。

反抗期がない?

反抗期の現れ方は個人差があり、成人近くになってから遅れて現れたり、反抗期がなかったりする子どももいます。全体で見ると、最近では反抗期自体が減っているといわれています。

第二次反抗期が現れない理由として、
①威圧的な親（特に父親）が減少し、子どもに対して理解がある親が多い
②昔のように世代間のギャップがない
③親のファッションや趣味・嗜好などが子どもに近い
などといったことが指摘されています。

一昔前に比べると、「友達親子」ともよばれる、仲のよい親子が増えているといわれている。

196

思春期・青年期の親子関係のさまざまな変化

身体が親に近づく

身体的に親と同等になる、あるいは親を超す。そのため明らかに上の存在であり頼るべき存在だった親が、体格・体力的にはそうでなくなる。

親への疑問

物事を深く考えられるようになり知識も増え、親の言うことへの疑問や矛盾が生じる。「親の言動が絶対」ではないことに気づく。

親より友達！

友達が「重要な他者(significant other)」になり、親の意見よりも友人の意見を優先したり、友人との時間を大切にしたりする傾向が強まる。

まだ時間あるよね

うん！
（早く帰ってきなさいって言われたけど、ま、いっか）

第二次反抗期

友人関係や細かなことまで干渉してくる親に対して反抗的・批判的な態度をとるようになる。また、親との会話が面倒になり、その結果会話が減ったりする。

ねえ、この間のことだけど……

うるさい！関係ないでしょ！放っておいて!!

今日学校どうだった？

別に……

「放っておいて！」と言っていても、心のうちは違うことが多い。1人の別の人間として子どもの主張をまずしっかりと聞いてあげること。親としては気持ちに寄り添い、「いつでも話を聞くよ」「力になるよ」といった態度を見せて、話し合うようにしていきたい。

親より友達。
親密で危うい思春期の友達関係

親よりも友達の存在が重要になる青年期。
それと同時に友達にまつわる
新たな悩みや不安を抱えることも多くなります。

友達からの影響が
さらに大きくなる思春期

158ページでも述べた通り、小学校高学年から中学生くらいになると、同一行動をしていたギャンググループから、同じ感情や価値観でいることを確認し合う「チャムグループ」へと変化します。

趣味や嗜好が同じなのは楽しいことですが、それは同時に異質な人には排他的になることでもあります。友達との共通点が見つからない場合、自分がその「異質な人」になってグループから排除されないよう、「私も大好き」というフリを装う同調傾向も見られるようになります。好かれるキャラを想定して、それになりきるなど、周囲に気を配りすぎると疲弊してしまいます。

友情を深める「自己開示」
過剰な自己開示には注意

大切な存在である友達ができると、相手に対して「正直でいたい」「協力し

たい」「相手の気持ちを理解したい」と思うようになります。そして、プライベートなことや秘密にしておきたいことを相手に話すようになります。これは「自己開示」とよばれ、より親密な人間関係を築くために必要な行動のひとつです（➡右図）。

しかし一方で、友達同士の過剰な自己開示は不安を高めるという指摘もあります。特に女の子同士は、親密度が増すと、過剰に自己開示をする傾向があります。そして、お互いの悩みを何度も聞き合っては心配するということを繰り返して、お互いに気分が沈んでしまう傾向（共同反芻という）があります。まだまだ未熟で、自分の悩みを解決する能力がないのにもかかわらず、友達の悩みまで抱えてしまい、不安定な心理状態になってしまうのです。

異質性を認め合い
自立した個人同士の関係に

同調傾向が弱まってくる高校生頃から大学生になると、仲間関係も、チャ

自己開示の4つの領域 ～ジョハリの窓～

「ジョハリの窓」とは?

下図のように自己開示には4つの領域（窓）がある。これは、自分が知っている自分の特徴と、他人が知っている自分の特徴の一致と不一致を4つの領域（窓）に分類したもので、これらのズレを一致させていくことで、他人とのコミュニケーションを円滑にすることができるという考え方。発案者である2人の心理学者、ジョセフ・ルフトとハリー・インガムの名前から、「ジョハリの窓」と名づけられた。

友情を深めるポイント

「隠蔽領域」と「盲点領域」を少なくすると、おのずと「開放領域」が広がり、仲のよい関係を築くことができる。

❶「盲点領域」を少なくする方法
他者から、自分のことをどう思っているかなどの評価や意見、フィードバックなどを取り入れるなど。

❷「隠蔽領域」を少なくする方法
自分の秘密を話すなど。

他者

自分（A）

	自分は知っている	自分は知らない
他者は知っている	**開放領域** 知ってる　知ってる Aはピアノが得意	**盲点領域** 知らない　知ってる Aは前髪を上げるとかわいい
他者は知らない	**隠蔽領域**（いんぺい） 知ってる　知らない Aは好きな異性がいる	**未知領域** 知らない　知らない Aは人と関わる仕事が向いている

ムグループから「ピアグループ」へと変化していくことが期待されます。ピアグループがこれまでと大きく違うのは、「お互いの異質性を認める」という点です。お互いの違うところを認め合い、自立した個人としてお互いを尊重した状態でともにいるのが可能になることから、男女が混合になったり、年齢差に幅があったりしても成り立つようになります。

恋愛はどのように
発達していくのだろう

青年期になると友達関係に加え、
特定の相手への関心や憧れが高まります。
やがて1対1の交際へと発展していきます。

恋愛関係は
青年にどんな影響を与える?

小学生後半から中学生になると、第二次性徴と前後して異性への関心や憧れが高まってきます。「はじめてのデート経験」は14、15歳が多く（日本性教育協会,2019）、高校生ぐらいになると、1対1のつきあいを始めるケースも多くなります。

青年期は、友達から大きな影響を受けますが、好きな人からもさまざまな影響を受けます。異性との関係を持つことで、これまでの生活や考え方が変わったり、経験したことのないような激しい感情を経験したりすることもあるでしょう。

大学生を対象にした調査（髙坂, 2010）によると、恋愛関係の影響として、視野が広くなる、気持ちが安らぐといったポジティブな影響がある一方で、1人の時間がなくなる、相手の気持ちがいつも気になるといったネガティブな影響も挙げられています（➡下図）。

恋愛関係が青年期に及ぼす影響

(髙坂, 2010より作成)

ポジティブな影響

❶ 自己拡大（何事にも積極的になれる、視野が広がるなど）
❷ 充足的気分（幸せだと感じる、気持ちが癒やされる、毎日が楽しいなど）
❸ 他者評価の上昇（周囲からの評価がよくなる、周囲から好意的に見られるなど）

ネガティブな影響

❶ 時間的制約（勉強に集中できない、生活のリズムが乱れる、1人の時間がなくなるなど）
❷ 経済的負担（交際費が負担になる、プレゼントなどでお金がかかるなど）
❸ 他者交流の制限（束縛されている気がする、友達と遊びに行きにくいなど）
❹ 関係不安（嫉妬することが多い、その人の気持ちがいつも気になるなど）

青年期の未熟な恋愛関係は長続きしにくい傾向がある

エリクソンは、青年期の重要なテーマとして、アイデンティティの確立を挙げています（➡P202）。アイデンティティとは、簡単にいうと「自分とは何者か」という感覚のことです。アイデンティティは、高校生や大学生といった後半の時期に特に発達し、恋愛関係において1対1の交際が増える時期ともリンクしています。

青年期の大半の時期は、アイデンティティがまだはっきりしない状態です。そのため、自分に自信がなく、恋愛においては、相手からの称賛を求めたり、相手からの評価が過剰に気になったりする傾向があります。恋人の称賛や評価を通して、「自分とはこんな人間で

ある」ということを確認しているのです。そのため、何度も相手に気持ちを確かめてしまうといった行動も多くなりがちです。結果的には、双方ともに交際自体が重荷に感じられ、交際が持続しない傾向が示されています。このような青年期の恋愛的行動を、大野（2010）は、「アイデンティティのための恋愛」とよんでいます。

私のこと好き？

どこが好き？

君こそぼくのどこが好き？

今日のぼくの服どう？

自分のアイデンティティに自信が持てないため、恋愛初期には相手からの称賛や評価を求めてしまう。

恋愛願望が高くない青年もいる？

青年期に恋人がほしいと思うのは当然のことのように思えますが、現代社会において、恋愛願望を持たない青年も一定の割合で存在します。その理由として髙坂（2013）は、①恋愛による精神的・時間的・経済的負担を回避したい、②恋愛に対して自信がない、③自分のやりたいことや友達との時間で充実した現実生活を送れている、④恋愛の意義がわからない、⑤過去の恋愛を引きずっている、⑥楽観的恋愛予期（恋人はそのうちできる・周りに魅力的な異性がいないなど）の6つを挙げています。

その一方で恋愛に積極的な青年も一定数います。全体として消極的になったというよりも、恋愛の二極化、性行動の二極化が進んでいるともいわれています。ほかに、関心のあるものが増えたことも少なからず関係があるようです。

自分自身の存在について悩み、アイデンティティを探す

青年期後半は、重大な選択・決断を迫られる時期であると同時に
エリクソンのいうアイデンティティが発達する時期です。
青年は、「自分とは何か」を模索します。

アイデンティティの確立とは

エリクソンは青年期の重要なテーマとして「アイデンティティの確立」を挙げ、それはこれからの人生の選択（どのように生きるか、就職、結婚など）において、大きな影響を及ぼすと考えました。

「アイデンティティ」とは、「さまざまな自己が内部にあるが、すべて同じ自分である」「過去・現在・未来はつながっていて、私は私のままだ」という感覚のことです。

つまり、「自分は何者なのか」「どう生きるのか」といった問いへの答えであり、この答えを見いだすことが、エリクソンのいう「アイデンティティの確立」です。

アイデンティティの確立と拡散 モラトリアムが長引く傾向も

アイデンティティを確立していくプロセスでは、心理的な混乱状態が起き

て、不安や空虚感にとらわれることがあります。これをアイデンティティの危機（アイデンティティ・クライシス）といいますが、この「危機」を経験し、自分探しに積極的に関わったとき（積極的関与）に、アイデンティティが確立できるとされています（➡右図）。

大学生くらいになると、アイデンティティを確立している者もいれば、こうした試行錯誤の迷いがなく両親などの価値観や期待のもとに生きている者（早期完了）もいる一方で、アイデンティティの確立を先延ばしにする「モラトリアム」の者、何も自己投入していないアイデンティティの拡散した者の4つに分かれると考えられています（➡右図）。

アイデンティティを確立するかしないかは個人差があり、青年期に確立できずとも大人になれないことはないといわれています。そして中年期には、再びアイデンティティの確立のプロセスが必要な時期がやってきます（➡P220）。

4つのアイデンティティ・ステイタス

エリクソンが提唱したアイデンティティの概念について、マーシャ（Marcia）は、「危機」「積極的関与」という2つの観点から研究を発展させ、4つのステイタス（地位）に分類しました。

危機
迷いや葛藤を経験したかどうか。

【例】親などが決めた進路に疑問を抱き、「自分が本当にやりたいことは何か？」と一度立ち止まって、自分の生き方を考え直すなど。

積極的関与
自分の考えを表現し、それに沿った行動（自分探し）をしたかどうか。

【例】ある職業につくために資格をとる、大学に入るなど。

1 確立（達成）

危機あり ┊ 積極的関与あり

危機と積極的関与を経験したことで、自分の考えと選択に責任を持ち、現実的に物事を解決していこうとする。自分の短所と長所も受け入れ、アイデンティティを確立した状態のこと。

この道を進む！

2 早期完了

危機なし ┊ 積極的関与あり

親の価値観、期待される生き方を受け入れ、積極的関与をしている状態。一見アイデンティティを確立しているようだが、自分で積極的に選択肢を選び取っていないので、受け継いだ価値観が通用しないと対応できず、混乱することも。

早くから親の会社を継ぐことに決めてたの

3 モラトリアム

危機最中 ┊ 積極的関与しようとしている

自分がどうなりたいかを模索しつつも、積極的関与は曖昧で、迷っている状態。モラトリアムは猶予という意味で、最近はこの期間が長くなっている。

いろいろやりたいことはあるんだけど…

4 拡散

危機なし（一部あり） ┊ 積極的関与していない

何に対しても積極的になれない状態。自分自身を見失い、今の自分は本当の自分でないような気がする感覚がある。「どうせ私は…」と、自虐的でネガティブになってしまうことも。

どうせ私なんてさ…

思春期から増える「非行」。
近年は家庭内暴力が増加

青年期になると、いじめや不登校などの問題に加え、
「非行」の問題が表面化してきます。
現代の非行にはどんな特徴があるのでしょうか？

少年非行のピークは16歳

青年期に入り表面化してくる問題に「非行」があります。児童期にも非行問題はありますが、中学生に入ると増加し、青年期の後期にはまた落ち着いてくる傾向があります。警察庁の「令和元年中における少年の補導及び保護の概況」によれば、2019年（平成元年）の刑法犯少年の年齢別検挙人員は、16歳が4,422人で最も多くなっています。

少年の検挙件数が大きく減少。しかし、家庭内暴力は年々増加

未成年者による家庭内暴力が10年近くでおよそ2.5倍に増えていることがわかっています。2019年は3,596件あり、42.4％は中学生によるものでした。小学生による家庭内暴力は17.5％を占め、やはりおおよそ10年間で7倍に増えています（警察庁「令和元年中における少年の補導及び保護の概況」より）。少年犯罪は減る傾向が続いて

いるだけに、家庭内の問題の深刻化が垣間見える結果となっています。

原因・動機の内訳は、「しつけ等親の態度に反発して」「物品購入要求等が受け入れられず」「非行をとがめられて」「勉強をうるさく言われて」などですが、最近は「物品購入要求等が受け入れられず」が特に増加しています。そのほか「特殊詐欺」「オレオレ詐欺」などともよばれる「振り込め詐欺」で検挙された少年や、大麻などの薬物で検挙された少年が激増しています。

こうした非行を予防する一環として、文部科学省と警察庁による「非行防止教室」などが行われています。教室では、子ども自身のお金や物などに対する欲求への自己マネジメントの育成や、ストレスや好奇心から安易に薬物などに走らないよう実際の危険性を学ぶ学習などのほか、親子間の関わり方について「親への家庭教育」を強化したりするといったことも行われています。

成人期・高齢期の発達

アイデンティティの確立が最大の課題だった
青年期を経て、「成人期」が始まります。
仕事、育児、社会活動など、さまざまな役割を抱えながら、
ときに悩み葛藤しながらも、人として成熟していく時期です。
そして60歳を過ぎ、「高齢期」を迎えます。
最期まで、自分らしくよりよく生きるためには
どんなことが必要なのでしょうか?

成人期・高齢期はどんな時期？

成人期はいつから？

発達心理学では、一般に20代半ばから65歳くらいまでの約40年間を成人期、それ以降を高齢期とよんでいます。また、成人期の後半40代以降から高齢期に入る前の時期を「中年期」とよんで区別することもあります。

ただし、成人期の始まりについては、児童期における小学校入学や、青年期における中学校入学のような明確なスタートはなく、研究者によっても考え方が異なります。

また、エリクソンによれば青年期の課題はアイデンティティの確立でしたが（➡P202）、なかなかアイデンティティが確立せず、「モラトリアム」の期

成人期・高齢期の発達とキーワード　＊ [____] はエリクソンの心理社会的危機

25歳頃	35歳頃	45歳頃	65歳頃

青年期	成人期		高齢期
		中年期	

[アイデンティティ 対 アイデンティティの拡散]	親密性 対 孤独	世代性 対 停滞	統合 対 絶望

アイデンティティ 対
アイデンティティの拡散

モラトリアム
➡P202

キャリア
➡P210

晩婚化・非婚化
➡P212

親としての
発達
➡P214

中年期の危機
➡P220

空の巣症候群
➡P220

サクセスフル
エイジング
➡P226

エイジング
パラドックス
➡P222

健康寿命
➡P222

間が長くなる傾向もあります。

成人期研究の難しさと 高齢者研究への注目

　22ページでも述べたように、発達心理学は、もともと子どもを研究対象としていました。それが、第二次世界大戦後、世界情勢が安定して寿命が延びていくなかで、青年期以降の発達にも目を向けられるようになりました。

　こうして成人期以降の発達も研究されるようになりましたが、成人期は多くの人が仕事や家庭、地域などで役割を持ち、忙しくしています。また、そ

れぞれの人生が多様なため、青年期までと比べて特徴をとらえにくい面もあります。そのため成人期以降の研究はまだ不十分な面もあり、発達心理学の課題のひとつともなっています。

　一方、近年研究が進んでいるのが、高齢者の研究です。高齢化社会を背景に、残りの人生を、心身ともに健康で豊かに生きるための研究が増えてきています。近年の研究からは、高齢者のポジティブな心理や、知的能力の高さなども明らかにされており、高齢期の人生が、決して「喪失」ばかりではないことがわかってきています。

平均寿命の推移と将来推計

(内閣府「令和2年版高齢社会白書」)

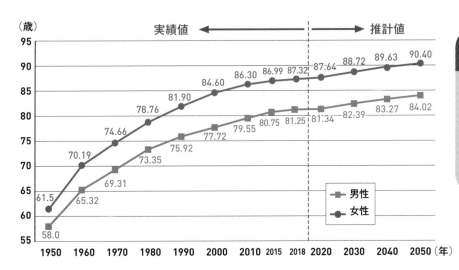

6章・成人期・高齢期の発達

さまざまな「課題」や「危機」を乗り越えて大人も発達していく

成人期以降の人生が長くなり、さまざまな出来事や転機が起こるなか、
大人はどのような心の発達を経験するのでしょうか。
ここでは、有名な発達理論を紹介します。

人は一生を通じて「発達」する

　大人も含めた発達段階理論でよく知られているのは、22ページでも紹介したエリクソンの「心理社会的発達理論」です。人には乳児期から高齢期までに8つの発達段階があり、各時期に多くの人が共通して経験する心理的課題があること、そしてその課題を克服することで、人間的に成長していくという理論です。

　成人期以降は①成人前期、②成人後期、③高齢期の3つに区分され、①は「親密性 対 孤独」、②は「世代性 対 停滞」、③は「統合 対 絶望」の心理的葛藤の段階とされています。

　②の成人期の「世代性」については、自らの子どもを育てるという意味だけでなく、指導者になり後進を導くことや、創造的な作品を後世に残すことなども含まれます。こうした関わりや活動が、次世代への関心・育成につながり、またこうした活動を通して自分自身をも成長させることにつながります。このように人は一生を通じて「発達」「成長」する存在であることを、エリクソンは強調しました。

エリクソンの発達段階には「第9段階」がある

　エリクソンの発達段階といえば、8つの区分が一般的ですが、後に彼の妻であり共同研究者でもあったJ.エリクソンによって、80代、90代の超高齢者を相当したとされる「第9段階」が発表されています。エリクソンが心理社会的発達理論を発表したのは1950年で、現在よりもずっと平均寿命が短い時代でしたが、その後平均寿命がぐんと延びたことは周知の通りです。「第9段階」では、心身の衰えや喪失体験、目前の死など、さまざまな失調要素を受け入れた先に、老年的超越（超高齢になって至るとされる主観的幸福感）があるとされています。

人生の折り返し地点で
生き方を問い直す時期がくる

　レヴィンソン（Levinson,1978）は、さまざまな職業の成人男性数十名への綿密な面接調査をもとに、成人期の発達については、生活パターンが安定している時期と、変化する時期が交互にやってくること、そして、その変化の時期から次の安定へとうまく移行するための「過渡期」が存在することを明らかにしました（➡下図）。

　20歳代前半の成人期への入り口、40～45歳頃の中年期への入り口、60～65歳頃の高齢期への入り口の3つの「過渡期」が、それぞれ人生の大きな節目とされ、これらの「過渡期」をうまく乗り切れるかによって、次の生活パターン（生活構造）が安定したものになるかどうかに差が出るとしました。

　レヴィンソンは特に、40代前半の「人生半ばの過渡期」は若さの喪失と老いへの自覚を意識するなど、人生の中でも重要な転換期であるとしています。

　なお、この時代はまだ女性の社会進出が進んでいない時代であり、男性のみの調査になっていますが、後にレヴィンソンは女性を対象とした面接調査も行いました（Levinson,1996）。その結果、女性にも男性と同じような心の発達が見られること、ただし、結婚や出産で生活スタイルが変わりやすい女性のほうが、より多くの過渡期を経験する可能性があることを指摘しています。

レヴィンソンによる成人期の発達段階

レヴィンソンは、児童期と青年期を「春」、成人前期を「夏」中年期（成人後期）を「秋」、老年期（高齢期）を「冬」というように、人生を四季にたとえた言い方もしています。そしてそれぞれの季節の中での生活構造に注目し、成人期以降の発達を図式化しました。

（年齢）

年齢	段階
	老年期
65	老年への過渡期
60	中年の最盛期
55	50歳の過渡期
50	中年に入る時期
45	人生半ばの過渡期
40	一家を構える時期
33	30歳の過渡期
28	大人の世界へ入る時期
22	成人への過渡期
17	児童期と青年期

キャリア

さまざまな「役割」の中で 自己を形成する

働くことは単に収入を得るという目的だけでなく、
人によって、さまざまな意味・価値を持ちます。
仕事以外の役割を含めた「キャリア」の発達を見てみましょう。

「キャリア発達」は 生涯にわたるもの

　一般に仕事を中心とした経歴を「キャリア」といいます。広い意味では、仕事、家庭、社会での役割など、就職前や引退後も含め、生涯にわたる役割の変化や積み重ねのことをいいます。また、こうした、キャリアを通して自分らしい生き方を実現していく過程を「キャリア発達」といいます。

人は各ステージで さまざまな役割を担う

　スーパー（Super）は、「時間軸（ライフスパン）」と「役割（ライフスペースまたはライフロール）」という2つの側面から、キャリア発達をとらえています。

　まず、「時間」という側面から、キャリア発達を5つの段階に分けています（➡右上図）。そして、人は職業人を含め、家庭人、市民、余暇人（趣味人）、あるいは学生、子どもと、さまざまな

役割を担っており、それらの役割の組み合わせや関与の度合いによって、多様なキャリア、あるいは自己が形成されることを示しています。

　たとえば、職業人に重きを置く時期と家庭人に重きを置く時期が違っている人もいれば、この2つの役割を、常に同じくらいの重みで生きていく人もいます。また職業人でありながら、何よりも「余暇人」としての自己を大事にするという人もいます。つまりそれぞれの「役割」をいつ、どの程度の重みで配分するかで人生が変わり、多様なものになってきます。

　もちろん、そのときどきで、このバランスを問い直すことも必要でしょう。役割間のバランスのとり方は、「ワークライフバランス」の満足度にも大きく影響すると思われます。

スーパーのキャリア発達理論

①成長期
（0〜14歳） 自分の興味や能力を探求し、さまざまな職業や仕事をすることの意味を知る時期。

②探索期
（15〜24歳） まずは自分に合う職業や分野を探索する。そのうえで絞り込みを行い、その仕事に就くための準備をして、実際にその後仕事に就く。

③確立期
（25〜44歳） 前半は本当に自分に合った職業なのかを検証し、やがて方向性が定まってくる。後半は能力を高める努力を続け、確立した地位を固めようとする。

④維持期
（45〜64歳） 仕事で獲得したスキルや地位を維持することに注力する。

⑤衰退期
（65歳以上） 仕事のペースを落としたり、退職したりする。余暇や家族との時間、地域活動など、別の活動や楽しみを見いだす。

ライフキャリア・レインボー

スーパーは、時間軸（各段階）とそれぞれの役割の関係を、
虹をモチーフにした図で表しました。

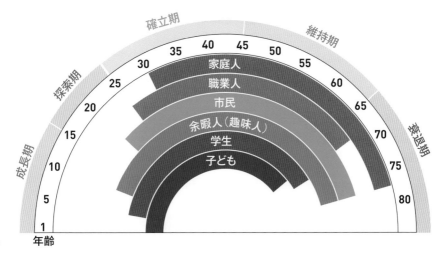

結婚

晩婚化・非婚化が進む日本。現代成人の結婚感とは?

「結婚」は、成人期のライフイベントのひとつといわれますが、
一方で「晩婚化」「非婚化」が進んでいます。
現代の日本人は結婚をどのようにとらえているのでしょうか?

晩婚化・非婚化が進んでいる

厚生労働省の「人口動態統計」によると、2019年の初婚年齢の平均は、男性31.2歳、女性29.6歳、となっています。1990年の調査と比較すると、男性が2.8歳、女性が3.7歳上昇しています。

また、生涯未婚率は、下記のグラフが示す通り、2015年の調査で男性は23.4%、女性は14.1%で、1980年頃から急激に伸びています。特に男性の生涯未婚率の急激な伸びが目立ちます。

これらの調査から、日本では「晩婚化」「非婚化」が進んでいることは間違いなさそうです。

結婚しない理由はさまざま

一方で、国立社会保障・人口問題研究所が行っている「第15回出生動向基本調査」によると、18〜34歳の未婚男

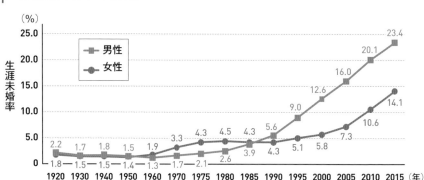

生涯未婚率の推移

(内閣府「令和2年版少子化対策白書」、国立社会保障・人口問題研究所「人口統計資料集 (2021)」より作成)

※生涯未婚率とは、50歳の時点で一度も結婚したことのない人の割合。

性の85%以上、未婚女性の90%近くが、「いずれは結婚するつもりだ」と回答しています。しかし、同調査で、結婚についての価値観をたずねると、「理想的な相手が見つかるまでは結婚しなくてもかまわない」という人が40%前後います（いずれも2015年の調査）。

「結婚適齢期」という言葉もほとんど使われなくなりましたが、現代は「一定の年齢までに結婚する」という意識は薄れ、結婚の意思はあっても理想的な相手と出会うまでは結婚を先延ばしにする傾向にあるようです。

また、25〜34歳の未婚者を対象に行った「独身でいる理由」でも、「適当な相手にめぐり会わない」という理由を挙げた人が多くいます。また、女性の社会進出による経済的自立や、一方では非正規雇用などによる収入の不安定さ・収入不足なども、結婚を踏みとどまる大きな理由のひとつとなっていることが指摘されています。

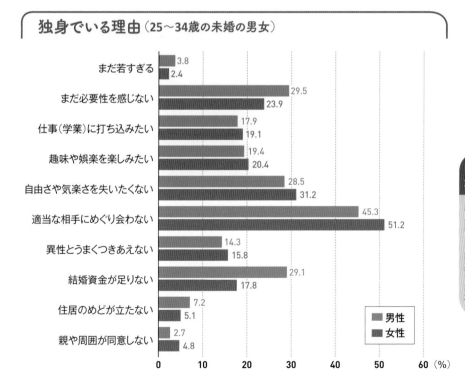

独身でいる理由（25〜34歳の未婚の男女）

理由	男性	女性
まだ若すぎる	3.8	2.4
まだ必要性を感じない	29.5	23.9
仕事（学業）に打ち込みたい	17.9	19.1
趣味や娯楽を楽しみたい	19.4	20.4
自由さや気楽さを失いたくない	28.5	31.2
適当な相手にめぐり会わない	45.3	51.2
異性とうまくつきあえない	14.3	15.8
結婚資金が足りない	29.1	17.8
住居のめどが立たない	7.2	5.1
親や周囲が同意しない	2.7	4.8

（国立社会保障・人口問題研究所「第15回出生動向基本調査」より作成）

＊対象は、25〜34歳の未婚者。何％の人が各項目を独身にとどまっている理由（3つまで選択）として挙げているかを示す。
＊グラフ上の数値は、2015年の結果。

6章 成人期・高齢期の発達

親としての成長と 育児不安・育児ストレス

子どもの成長とともに、育児を通して親自身も人間的に成長します。
しかし、育児は楽しいことばかりではなく、
ときには大きなストレスとなる場合もあります。

子どもと向き合うことで 親も人間として成長する

　成人期は結婚や出産という経験によって、他者（子どもやパートナー）の人生に責任を持つ時期に入ります。そして子育てを通して、自分自身も親として成長していくことになります。

　柏木・若松（1994）の研究によると、親になる前と後で、親自身が実感する変化として、6つの側面があります（➡右図）。たとえば、大人の思い通りには動いてくれない子どもという存在と関わるなかで、柔軟な考え方や、がまん強さが身につきます。また、子どもの将来を考えたりするなかで、これまで意識していなかった分野に関心が向いたりします。このように親になること

で、「親としての発達」があるのです。

子育てのストレス軽減には 父親の関わりが不可欠

　親として人間的に成長できる一方で、子どもを育てることにはさまざまな心配やストレスも生じます。いわゆる「育児ストレス」「育児不安」とよばれるものです。乳児期の「夜泣き」や、幼児期の「イヤイヤ期」をはじめ、児童期、青年期にも、その時期特有の子育ての悩みはあるものです。

　ストレスや不安の感じ方については、父親の関わりの程度も深く関係しています。父親が育児に参加している場合には、参加していない場合に比べて、母親の育児への肯定的感情が高く、否定的感情が低いことが明らかにされています（柏木・若松,1994）。

サポート資源を活用する

　育児は、夫婦での協力はもちろんのこと、さまざまな子育て支援を活用す

ることも重要です。夫婦の親に頼る以外に、地域の子ども育児（家庭）支援センター、保健相談所等の公的なサポート、保育園等の一時預かり、子育てサークルの活用、あるいは医療機関への相談など、子育てに関するサポート資源はたくさんあります。

子どもが大事で愛しているからこそ、心配が次々とわいてきて、大きなスト レスのもとになることもあります。親がストレスをためすぎると、子どもはそれを敏感に察知し、安心して親を頼れないなど、結果的に子どもに悪影響を与えてしまいます。親がストレスをためないためにも、こうしたサポート資源を上手に活用すること、また活用しやすい環境を社会で作ることが重要です。

親となることによる人格発達

（柏木・若松,1994をもとに作成）

3〜5歳の子どもを持つ親を対象に行った調査によると、親となったことによって、下記のような6つの側面で「人格発達」を感じていることが示されています。

柔軟性	● 考え方が柔軟になった。 ● 他者に対して寛大になった。 ● いろいろな角度から物事を見るようになった。
自己制御	● 他者の迷惑にならないよう心がけるようになった。 ● 自分のほしいものなどをがまんするようになった。
視野の広がり	● 環境問題に関心が増した。 ● 児童福祉や教育問題に関心を持つようになった。 ● 日本や世界の将来について関心が増した。
生きがい、存在感	● 生きている張りが増した。 ● 自分がなくてはならない存在だと思うようになった。
自己の強さ	● 多少他の人と摩擦があっても自分の主義は通すようになった。 ● 自分の立場や考えをきちんと主張しなければと思うようになった。
運命・信仰・伝統の受容	● 人間の力を超えたものがあることを信じるようになった。 ● 信仰や宗教が身近になった。 ● 物事を運命だと受け入れるようになった。

児童虐待

増えている児童虐待。子どもへの影響は重大

悲しいことに、親による子どもへの虐待が
大きな社会問題になっています。その数は年々増加しています。
なぜ虐待行為をしてしまうのでしょうか?

子どもへの虐待の現状

　最近は、児童虐待のニュースを見ない日はないといってもいいくらい、非常に深刻な児童虐待が増えています。全国の児童相談所が対応した児童虐待の件数は、統計を取り始めた1990年度以降、増加の一途をたどり、2019年度には19万件を超えています。

　2000年に制定された「児童虐待の防止等に関する法律（児童虐待防止法）」では、保護者（親や親に代わる養育者）が、その監護すべき18歳未満の児童に対して行う4つの虐待行為（➡下図）を禁止しており、その防止等に関する措置について定めています。

虐待の原因

　虐待が起こりやすい要因として、養育者の養育能力の低さや自尊心の低さ、高い育児不安、あるいは子どもの先天的問題や気質による育てにくさ、さらには夫婦間の不和、ストレスフルなライフイベント、社会的孤立、経済的な

児童虐待の種類

心理的虐待	言葉による脅し、無視、きょうだい間での差別的扱い、子どもの目の前で家族に対して暴力をふるう（ドメスティックバイオレンス）、きょうだいに虐待行為を行う、など。
身体的虐待	殴る、蹴る、たたく、投げ落とす、激しく揺さぶる、やけどを負わせる、溺れさせる、首を絞める、縄などにより一室に拘束する、など。
ネグレクト	家に閉じ込める、食事を与えない、ひどく不潔にする、自動車の中に放置する、重い病気になっても病院に連れて行かない、など。
性的虐待	子どもへの性的行為、性的行為を見せる、性器をさわる・さわらせる、ポルノグラフィの被写体にする、など。

困難などが挙げられています。多くの場合、こうしたさまざまな要因が複合的に絡み合って引き起こされるといわれています。

虐待の子どもへの影響

虐待は、子どもの心身の成長に重大な影響を与えます。ネグレクトによる身体的成長の遅れや、暴力などによる身体の傷つきといった目に見える影響だけでなく、虐待によって安定した愛着関係を経験できないことは、対人関係の障害に直結します。

さらに自尊心の低下、無力化、衝動性の高まり、著しい情緒不安定感などが指摘されています。虐待は、中枢神経系の発達や、感情調整力の発達に影響するのです。

両親のDV（ドメスティックバイオレンス）を目撃することも、子どもの発達過程の脳に悪影響を及ぼすことが明らかになっています。

たいていの被虐待児は自尊心が欠如し、自己評価は高くありません。他人の感情どころか自分の感情も理解できず、その調節がうまくいかなくなるという問題が指摘されています。

虐待は、早期発見による早めの介入が重要であることは言うまでもありませんが、社会全体で虐待自体を防ぐ取り組みも重要です。

親となる人に、子どもの発達プロセスや子育て知識の支援をしたり、また、社会的に孤立しないための支援も重要でしょう。

児童相談所での児童虐待の相談種別対応件数の年次推移

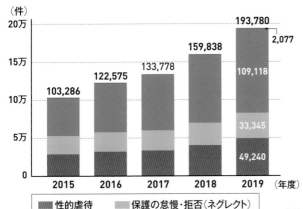

（件）

	2015	2016	2017	2018	2019（年度）
	103,286	122,575	133,778	159,838	193,780

49,240
33,345
109,118
2,077

- 性的虐待
- 保護の怠慢・拒否（ネグレクト）
- 心理的虐待
- 身体的虐待

以前は、身体的虐待が最も多かったが、現在は、心理的虐待が最も多く、全体の半分以上を占めている。これは、2004年の法改正により、子どもの目前でのDV（ドメスティックバイオレンス）が心理的虐待にあたると明確化されたことも大きく影響していると考えられている。

（厚生労働省「令和元年度福祉行政報告例」）

217

人はなぜ望ましくない行動を ときにしてしまうのか?

本来はより多くの道徳規範を備えているはずの大人が
倫理やモラルに反する行為、ときに犯罪にまで
手を染めてしまうのはなぜでしょう?

道徳規範があっても 不正はなくならない?

人は自分に非があると考えることを避けようとし、自分の落ち度を最小限に考えようとするところがあります。

また、頭ではやるべきこと・してはいけないことがわかっていても、ずるずると好ましくない行動をしてしまうことがあります。たとえばデータの改ざんはいけないという道徳規範を持っていても、組織ぐるみで不正を行ってしまう、ということがあります。

道徳的な自己調整を弱める メカニズムとは?

モデリング（➡P118）や自己効力感（➡P144）の提唱者としても知られるバンデューラは、人間が望ましくない行為、すなわち道徳的でない行動をなぜしてしまうのかについても研究しています。

バンデューラによれば、人は本来、幼少期から獲得してきた道徳規範や道徳的な行動パターンに基づき自己調整を行い、反道徳的な行動は抑制されて

自己調整過程における内的コントロールの不活性化

(Bandura, 1986；渡辺, 2021)

行為の再解釈に関わる
メカニズム

① 道徳的正当化
② 婉曲（えんきょく）な名称づけ
③ 緩和的比較

結果の無視に関わる
メカニズム

⑥ 結果の
軽視・無視・曲解

被害者の価値づけに
関わるメカニズム

⑦ 非人間化
⑧ 罪の転嫁

望ましくない行為 → 有害な結果 → 被害者

④ 責任の転嫁　⑤ 責任の拡散

行為と結果の因果作用の曖昧化に関わるメカニズム

います。ところが、ときにこの道徳的な自己調整機能がうまく活性化しない場合があります。このことを、「道徳不活性化」または「自己調整過程における内的コントロールの不活性化」などとよびます。

バンデューラの理論では、自己調整過程において、大きく4つの不活性化のメカニズムがあるとされ、さらに、「道徳的正当化」「責任転嫁」「非人間化」などの8つの下位分類があります（➡下表）。これらの下位分類を含む道徳不活性化が、不正行為や反社会的な行動などに関係しているとされます。

罪悪感を弱めるメカニズム～道徳不活性化の8つの要素～

① 道徳的正当化	ある行為を再解釈して正当化することで、これが正義なのだと錯覚させること。たとえば、戦争時の指導者が「さあ、戦争をしよう」といった表現は用いずに、「平和のため」「未来のため」といったあおり方をして、戦争に導くことなど。
② 婉曲な名称づけ	直接的な言葉を使わずに、婉曲に表現することで、悪いイメージを払拭し、自身を戒める機能をまひさせること。たとえば、会社の適正規模化（実はただの解雇）や援助交際（不純な異性関係）など。
③ 緩和的比較	比較対象を都合よく選んで自分を正当化すること。たとえば政治家が、近隣諸国や歴史上の圧政者の名前をひきあいに出して自分を正当化したり、企業の不祥事で、他の同業他社はもっと悪質だなどと主張したりすること。
④ 責任の転嫁	自分が行ったことを他者や社会のせいにして、自分の責任を逃れようとすること。責任転嫁は、大人においては無意識に行っている場合も少なくない。企業や政界で時折話題になる問題も、責任のなすりつけ合いが大半である。また、家庭でも、子どもの問題を教育のまずさにしたくない気持ちから、この子の性格がもともと悪いせい、と考えてしまう親も、責任転嫁しているといえる。
⑤ 責任の拡散	不正などの責任が、複数にあるとみなすこと。人はルールを破る多くの人を見ると罪悪感が薄らぎ、自分も同じような行動を取りがちである。わかりやすくいえば「赤信号みんなで渡れば怖くない」の心理で、日常生活でもよく見られる行動。
⑥ 結果の軽視・無視・曲解	自分の行動との関わりを歪曲し、最小化して考えること。結果との間に、時間的・空間的に距離があるほど、その行為を忘れやすく、責任感も弱くなると考えられる。たとえば、便宜供与した政治家や、部下に不正を指示した上司が、具体的な計画や実行を秘書（部下）に任せるケースなどでは、上に立つ者のほうが罪悪感は弱いと考えられる。
⑦ 非人間化	被害者は自分と同じような気持ちや価値観を持つ存在ではないと考えること（被害者をまともな人間だと思わないこと）。戦争のときなどに生じる。
⑧ 罪の転嫁	自分が悪いにもかかわらず、相手に原因や非があると考える。たとえば、痴漢した人が、相手がミニスカートをはいていたからなどと言い訳するなど。

身体も仕事も変化のとき。「中年期危機」が訪れる

長い人生の中の折り返し地点ともいえる40代半ばは、
身体的にも心理的にもさまざまな変化を感じることから
「中年期の危機」とよばれています。

だれもが迎える人生最大の転換期

「中年期の危機」という考え方は、20世紀初頭に活躍した心理学者ユング（Jung）から始まったものです。ユングは人生を日の出から日の入りまでの時間にたとえ、中年期は午前と午後の境目である「人生の正午」という転換期であり、最大の危機であると考えました。人生を四季にたとえたレヴィンソンの発達段階（➡P209）は、このユングの理論の流れを汲むものです。

中年期の変化とは？

中年期になると、体力の衰えや見た目のしわや白髪などから、身体的な老いを感じ始めます。仕事では責任ある立場を任される一方で自身の能力に限界を感じたり、家族関係では自立していく子どもとの関係や夫婦関係の見直しを迫られたりするなど、社会的な立場や家族関係の変化もさまざまありま

す。子の親離れに関しては、親としての役割を失った母親が心身の不調をきたすことがあり、これは「空の巣症候群」とよばれます。高齢化や核家族化が進んだ現代社会の特徴として、「老いた親の介護問題」もあります。

中年期は、こうしたさまざまな変化とともに、残された人生の有限さを認識するようになる時期でもあります。

アイデンティティを再構築するとき

「中年期の危機」というとネガティブに聞こえますが、中年期は、自分自身と向き合い、アイデンティティを再構築する大切な時期といえます。人生半ばに重要な変化を経験しながら、それまでの生き方を振り返り、人生の目標を再設定したり、身近な人との関係を再構築したりして、生き方を軌道修正するのです。

「中年期の危機」は、後半の人生を充実したものにするためにも必要な時期といえます。

中年期に起こるさまざまな変化

身体上の変化	社会的な変化	家族関係の変化

身体上の変化
- 体力の衰え
- しわや白髪が増えるなど見た目の老化
- 病気の心配
- 性機能の低下
- 更年期
  など

社会的な変化
- 管理職や、責任あるポジションへの異動
- 次世代育成の立場への異動
- 仕事上の限界を感じたり、リストラされたりする
- 新たな知識・技術への対応
- 部下とのコミュニケーションのギャップを感じたりする
  など

家族関係の変化
- 子どもの自立による喪失感（空の巣症候群）、あるいは解放感
- 親の介護、あるいは介護と育児のダブルケア
- 夫婦関係の心理的な変化
  など

アイデンティティの問い直し

「獲得」と「喪失」が共存するなかで、アイデンティティが揺らぎ始め、「自分の人生はこれでよかったのか」「自分の人生は間違っていたのではないだろうか」と、人生を考え直すようになる。

離婚する夫婦もしない夫婦も「衝突の程度」は同じ？

　夫婦関係については、夫と妻が感じる結婚への満足度は結婚初期には高いものの、その後しだいに低下することが多くの研究からわかっています。特に女性のほうが男性に比べて満足度が低い傾向があります。しかし、どんな夫婦にも、それぞれの性格や考え方には大きな違いがあり、衝突する機会もあるでしょう。実は離婚する夫婦もしない夫婦も、衝突する程度はほぼ変わりがないという調査結果もあります（Gottman & Silver,1999）。良好な夫婦関係を持続するためには、衝突や葛藤をうまく乗り越え、夫婦として成熟していけるかどうかが重要であるようです。

中年期以上に身体の変化が顕著になる高齢期

高齢期になると、身体的な衰えは否めません。
定年退職や子どもの独立などにより、生活環境も大きく変わる
ときですが、心にはどう影響するのでしょうか。

身体機能の低下が行動や心理に影響を与える

60代以上の高齢期に入ると、中年期以上に身体の衰えを感じ始めます。視覚や聴覚などの感覚器官、歩く・走る・座る・立つといった基本動作、筋力、反射神経など、さまざまな身体的な低下が現れます。

こうした変化は、買い物や家事、レジャーなど、日々の生活にも影響を与えます。外出がおっくうになったり、趣味ができなくなったりすることも出てきます。また、耳の聞こえが悪くなると、家族や地域の人たちとのコミュニケーションにも影響を与えることがあります。

「健康寿命」とは?

加齢にともなう身体的な変化は自然なことで、それこそが高齢期の「発達」ともいえます。しかし、一方で、同じ年齢でも、人によって身体能力が大きく違うことがあります。

現在、日本人の4人に1人が65歳以上であり、さらにそこからの余命は平均20年です。赤ちゃんから成人するまでと同じ長い期間を高齢期になって過ごすことになります。

さらに最近は100歳を超える長寿も多くなりましたから、「高齢期」に入ってから30年、40年の人生になることもまれではありません。単に長生きするだけでなく、最期まで健康的に生きたいと願うのは多くの人の共通の思いでしょう。

こうしたなかで現在注目されているのが、「健康寿命」です。健康寿命とは、健康上の問題で日常生活を制限されることのない期間のことをいいます。健康寿命と平均寿命の差は、年齢や男女により異なりますが、おおむね8～12歳くらいあります（➡右図）。

健康寿命が短いと、医療費の増大や介護の必要性など、社会的にも大きな問題となってきます。そのためこの差を縮めようと、国でもさまざまな政策

を打ち立てています。健康寿命を延ばすことは、高齢者自身にとっても社会にとっても重要な課題といえます。

幸福感は加齢とともに下がるとは限らない?

身体的な変化のほかにも、記憶力などの認知能力の低下、定年退職などによる仕事や役割の喪失、仕事や子育ての終了による生きがいの喪失など、高齢期には、さまざまな低下や喪失があります。

このように多くの「低下」「喪失」を体験する高齢期には、どんどんネガティブな気持ちになっていきそうですが、実は、幸福感が維持されることがままあります。一見矛盾したこの現象は「エイジングパラドックス」とよばれます。高齢期の幸福感については226〜229ページでくわしく述べます。

健康寿命と平均寿命の推移

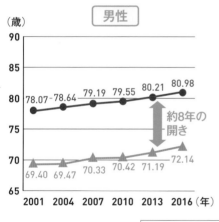

男性

(歳)	2001	2004	2007	2010	2013	2016 (年)
平均寿命	78.07	78.64	79.19	79.55	80.21	80.98
健康寿命	69.40	69.47	70.33	70.42	71.19	72.14

約8年の開き

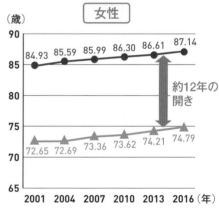

女性

(歳)	2001	2004	2007	2010	2013	2016 (年)
平均寿命	84.93	85.59	85.99	86.30	86.61	87.14
健康寿命	72.65	72.69	73.36	73.62	74.21	74.79

約12年の開き

●― 平均寿命　▲― 健康寿命

(内閣府「令和2年版高齢社会白書」より)

記憶や知能は
低下する一方ではない

年齢を重ねるにつれ、記憶力の低下など、
知的能力も低下していくイメージがあるかもしれません。
加齢とともに認知機能はどのように変化するのでしょうか?

ワーキングメモリは
加齢とともに低下する

「老化」と聞くと、身体機能の低下とともに、「記憶力の低下」をイメージする人も多いのではないでしょうか? 人の名前や、機械の操作など、新しく覚えたはずのことをすぐに忘れ、記憶力の衰えを感じることは、高齢者に限らず、成人期後半以降の多くの人が経験していることかもしれません。

しかし、記憶には種類（➡P138）があり、衰えやすい記憶と衰えにくい記憶があることがわかっています。加齢とともに衰えていくのは、新しいことを一時的に記憶しながら同時に情報を処理する「ワーキングメモリ」です。

ワーキングメモリは、日常のさまざまな認知活動を支えている脳のシステムです。ふだんの会話でも、相手の話を一時的に記憶しているからこそ、それを受けて話をすることができます。

たとえばスーパーへの買い物も、途中でだれかに会ったり、店頭で別のセール品を見たりしても、もともとの「○○を買う」という情報を保持しているからこそ、目的を果たせます。ワーキングメモリがうまく働かないと、スーパーに到着してから「あれ、何を買いにきたっけ?」といったことが起こります。

勉強などで身につけた
「一般知識」は意外と忘れない

一方、あまり加齢の影響を受けないのが、若いときの学習で身につけた一般的な知識（意味記憶）や、ピアノの弾き方など身体で覚えている記憶（手続き記憶）です。若い世代よりも、高齢者のほうが歴史上の人物をよく知ってることなどはよくあります。

長期記憶のひとつの「エピソード記憶」は、いわゆる思い出の記憶ですが、これは基本的には衰えやすい記憶です。

ただし、自己形成に関わるような印象の強い若いときの記憶はよく覚えている現象もあります（➡P230）。

加齢とともに知能は低下する?

そのほかの知的能力についてはどうでしょうか?

知能については、ホーンとキャッテル（Horn & Cattell）が提唱した「流動性知能」と「結晶性知能」という考え方があります。

流動性知能とは、新しい局面に臨機応変に対応する知能です。この知能は加齢の影響を受けやすく、25歳頃をピークに下がり始めるとされます。一方、結晶性知能とは、過去から蓄積された経験を生かした知能で、60歳頃まで伸び続けるといいます。

しかし近年の研究では、高齢者の知能について、よりポジティブな研究結果も示されています。シャイエによるシアトル横断研究（Schaie,2013）によると、結晶性知能のひとつである「言語理解」については80歳頃まで高く維持され、「推論」や「空間認知」といった流動性知能についても、20代以降大きく低下せず、60歳頃まで高い水準が保たれることが示されています。

流動性知能と結晶性知能

流動性知能

新しい局面で臨機応変に対応する知能。情報処理力、暗記力、推理能力、反射能力など。

加齢とともに衰える。ただし従来いわれていたように20代でピークを迎えるのではなく、60歳くらいまで高水準で維持され、それ以降、徐々に低下していく。

結晶性知能

蓄積された経験を生かした知能（経験が結晶した知能）。コミュニケーション力、自制力、洞察力、語彙力など。

加齢とともに上昇し、60〜80歳頃まで伸びるとされる。

最強の戦国武将といえばやっぱり上杉謙信か…

立花宗茂という戦国武将もいてね…

知恵と工夫で「幸福な生き方」を実現する

加齢とともに衰えるものは多いですが、だからといって
高齢者が不幸であるとは限りません。
高齢者には、別の方法で補う「知恵」があります。

ウェルビーイングの維持が「幸福な老い」を支える

日常の生活が良好に維持されていることを「ウェルビーイング」といいますが、それが維持されていると、人は自分に対して肯定的な感情を持ち、自尊心を保つことができます。

ウェルビーイングを維持することは、どの年代でも大切なことですが、高齢期にはさまざまな衰えにともなう変化が大きいことから、それまでの生活の質を保つことがより重要であると考えられています。

高齢のピアニストのエピソードから生まれた理論

バルテスは、ウェルビーイングを維持するためのSOC理論を提唱しました。

SOC理論とは、若いころと同じように目標を掲げることが難しくなった高齢者が、「選択」、「最適化」、「補償」といった3つの要素を用いて、衰え（喪失）にうまく適応していくためのしく

みです。高齢者が現在持っている資源をいかに選択的に有効活用し、また喪失する資源を補償するかにより、高齢期の適応が決まると考えました。

この理論は80歳を超えても活躍し続けたピアニストのルービンシュタインの行動から導き出されたものです。

ルービンシュタインは、高齢になると指の動きが衰えて、速いテンポで演奏できなくなってきました。そこで、彼は演奏する曲を減らし（選択）、その限られた曲を集中してたくさん練習し（最適化）、速いフレーズの前をゆっくり演奏して印象づけをしました（補償）。こうして彼は高齢になってもすばらしい演奏を維持したのです。

SOC理論は、高齢になっても、目標をもってそのために努力し、達成することがウェルビーイングにつながることを示しています。この理論に表れているように、加齢による変化に対処しながら適応し、上手に歳をとろうと心がけていくことを「サクセスフルエイジング（幸福な老い）」とよびます。

バルテスのSOC理論とは

SOC理論は、「Theory of Selective Optimization with Compensation」の略で、日本語では「補償をともなう選択的最適化理論」ともよばれます。

選択（Selective）	最適化（Optimization）	補償（Compensation）
利用可能な時間や労力などの資源が有限であることを自覚し、それを振り当てる対象や分野を選択する。	選択した領域や能力に資源（時間や労力）を分配して、それまでと変わらない行動を維持する。	自力で資源の低下に対処できない場合、機能低下を補ってくれる道具や新しい方法を用いる。

たとえば、体力や筋力の衰えにより趣味のマラソンが難しくなりそうなとき

- マラソンの距離や頻度を減らす（選択と最適化）。

- 走る前に入念にストレッチをする（最適化と補償）。

- 身体への負担が軽いシューズや膝サポーターを使う（補償）。

- ゲートボールや陶芸など、身体機能が低下してもできる活動に切り替え、楽しい趣味の時間を持ち続ける（選択）。

たとえば、車の運転ができなくなり、遠出や買い物が難しくなったとき

- 車の運転をやめ、必要なときは子どもに送迎を頼む（選択と補償）。

- 遠い大型スーパーでの買い物をやめて、近くの商店で済ませる（選択と最適化）。

- ネットスーパーを利用する。ネットでの注文は子どもに頼む（選択と補償）。

そのほか、歩行のために杖を使ったり（補償）、老眼や難聴を補うために老眼鏡や補聴器を使ったり（補償）、記憶力の低下に対応するためにカレンダーや手帳などに記録すること（最適化）などが、典型的な例。

長い高齢期。
社会とどう関わるのが幸せ?

職業引退後や子育て終了後にどう生きていくか?
引き続き積極的に社会とつながっていくかどうか、
少し距離を置くかどうか、その選択は多様です。

社会と積極的に関わるか
自分の時間を大切にするか

サクセスフルエイジングに関する理論には、SOC理論(➡P226)のほかにも、いくつかの理論があります。なかでも古くから議論されてきたもののひとつに、社会活動との関わりという点から、「活動理論」と「離脱理論」があります。

活動理論とは、職業引退や子育てから引退した後も社会的な役割を持ちながら他者との関係を維持し、肯定的な評価を得ることが幸せであるという考え方です。一方、離脱理論は、それとは反対に、老化にともなうネガティブな変化を避けることはできないことから、無理をして今までの関係を維持せずに離脱して、自分なりの生活をしたほうが幸せであるという考え方です。

これまでさまざまな意見が出されましたが、どちらが正しいという結論はなく、これだけ寿命が延びて多くの高齢者がいるわけですから、その答えは

それぞれの価値観によるところが大きいといえます。年齢によっても選択は変わってくるでしょう。「セミリタイア」などの言葉もあるように、「ほどよく社会から離れつつ関わりは残す」といった選択もありえます。

働く高齢者が増えている

近年は引退後も働く高齢者が増えています。その割合は年々増えていて、2019年のデータによると、65歳以上の高齢者が働く割合は、全体の約13%を占めています。

高齢者が働く理由としては、経済的な理由が最も多いのですが、「仕事そのものがおもしろい」「働くことは体によい、老化を防ぐ」といった理由も多くの人が挙げています(内閣府「令和2年版高齢社会白書」より)。

高齢者は弱者とは限らない
サポートする側でもある

高齢者になると、身体機能の衰えか

らサポートが必要な存在として扱われがちですが、必ずしもそうではありません。

働く高齢者が増えていることからもわかる通り、高齢者ひとりひとりを見ていくと、それぞれ置かれた環境や社会参加の意欲も異なり、子ども世代の子育てをサポートしたり、地域活動などの担い手として頼りにされたりすることも多くなります。

高齢者自身にとっても、社会の中で頼られる存在でいられることは、心理的な側面で「ウェルビーイング」へとつながります。

約20万人のデータをメタ分析したミシガン州立大学の研究によると、自分の行動が他者の役に立っていると確信できたとき、つまり「貢献」できたときに、人は最も幸福感が高まるということが示されています。

孤独だった人に友達ができると寿命が延びる?

「人間の寿命を延ばすために、一番必要な要素は何か?」について調べた研究があります。ブリガムヤング大学の研究チームが「孤独と健康」に関する31万人分もの膨大なデータを分析したところ、「良好な社会関係」が最も寿命を延ばす効果が高く、孤独な人に友達ができた場合は最大で15年も寿命が延びる傾向があることがわかりました。これはエクササイズやダイエットが健康に与える効果の3倍にもなるそうです。

また、ハーバード大学が約80年にわたり724人の多様な人生を記録し続けた研究では、人間の幸福にとって最も大事なものは「よい人間関係」であることが結論づけられました。

これらの研究結果から、富や名声よりも、周囲とのよい関係をキープできることが、私たちの身体を健康にし、心を幸福にしてくれるといえそうです。

高齢者は若いころのことを よく覚えている

加齢とともに記憶力は低下していきますが、
若いころのことを鮮明に覚えている高齢者は少なくありません。
このことは、研究でも明らかにされています。

自伝的記憶と レミニセンス・バンプ

　おじいちゃんやおばあちゃんと話をしていると、1か月前のことは忘れていても、「若いころはね」「昔はこうだったよ」などと、昔のことはとてもよく覚えているといったことがよくあります。

　若いころの話ばかりする理由のひとつとしては、若い世代と比べると、目新しい体験が少ないからということが挙げられます。しかしそれだけでなく、私たちの記憶のしくみにも関連があるようです。

　記憶の種類のひとつに「自伝的記憶」があります。自伝的記憶とは、自分自身が経験・体験した出来事の記憶をいい、エピソード記憶（➡P139）の一種とされています。

　自伝的記憶は、出来事を経験した時期と想起率の関連に3つの特徴があります。①最近の出来事は思い出しやすい「新近性効果」、②0歳〜3歳頃に経験した出来事はほとんど思い出せない「幼児期健忘」、③10代〜30代に経験した出来事は思い出しやすい「レミニセンス・バンプ」です。

　特に、レミニセンス・バンプは、高

高齢者に特徴的なレミニセンス・バンプとは？

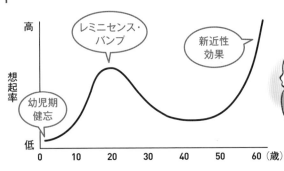

高齢者は特に10代〜30代の
記憶を思い出しやすい。

齢者に顕著に見られる現象です。一般的には直近の出来事ほどよく覚えているものですが、高齢者の自伝的記憶は、40代、50代の出来事よりも、10代〜30代の出来事のほうが思い出しやすいのです。この現象が起こる理由としては、強い感情をともなう出来事は忘れにくいことや、若い時期にアイデンティティの確立や、大きなライフイベントが多いことなどが挙げられます。

ポジティブな出来事は思い出しやすい

高齢者は若い人に比べて、ネガティブな内容よりもポジティブな内容を思い出しやすいことが知られています。これは「ポジティブ優位性効果」とよばれています。

この効果が現れるメカニズムは、カーステンセン（Carstensen）が提唱した「社会情動的選択性理論」で説明されています。人は人生の残り時間が限られてきたと感じると、情動的に意味のある目標に価値を置くようになり、肯定的感情を高める行動をするようになるという理論です。

このため高齢者は、さまざまな意思決定過程において、ネガティブな情報よりもポジティブな情報により多くの注意を向け、よりよく記憶する傾向があるといわれています。さらに重要な人間関係に多くの時間を費やせるよう、交流する相手を慎重に考え、身近な人とともに満足感やポジティブ感情を満たす生活を選ぶようになるとされます。

ただし、心身の衰えや健康問題があると、この機能は必ずしも発揮されない場合があると考えられます。

人生を振り返る「ライフレビュー」

アメリカの精神科医バトラー（Butler）によれば、高齢期になると、身近に迫った死を意識して、自分を振り返る「ライフレビュー」が行われるといいます。自分の人生を振り返り、自分を見つめ直すことで、人生に新たな意義や価値を見いだすとされています。

ライフレビューとは、「自伝的記憶」を掘り起こす作業ともいえます。日常的な現象として特に意識せずに自分の頭の中で自伝的記憶を呼び起こすこともあれば、だれかに語ったり、自伝のように書き記したりする方法もあります。

現在、ライフレビューは、心理療法としても広く認知され、介護施設の高齢者や、認知症患者、あるいは閉じこもり高齢者などへも活用されています。

人生100年時代。心も身体も健康に長生きするためには?

「健康寿命（➡P222）」を延ばす取り組みの中で、
「要介護」の前段階である「フレイル」の予防が注目されています。
フレイルは、心理面や社会面の充実も含んだ多面的な概念です。

「フレイル」とは

「フレイル」とは、加齢により心身が衰えた状態をいい、健常な状態から要介護へ移行する中間の段階と位置づけられています。身体の衰えだけでなく、認知的な衰えや精神・心理的な衰え、社会的孤立や経済力の不足といった社会的な衰えも含みます。高齢者の多くがフレイルの段階を経て要介護状態になっていくことから、フレイル予防は、高齢者が健やかに過ごすためにとても重要なことだといえます。

なお、フレイルは、英語の「frailty（フレイルティ）」が語源です。以前は「虚弱」「衰弱」などとよんでいましたが、適切な取り組みを行うことで健常な状態に戻ることも可能であることから、ネガティブイメージのない新たな用語を用いようと、2014年に日本老年医学会が提唱しました。

フレイルの3つの要素

フレイルは、身体の衰え、心の衰え、社会面の衰えの3つの要素を含み、それぞれが相互に影響し合って発症・悪化します。

予防の3つのポイント

1 栄養（バランスよい食事、口腔ケアなど）
2 身体活動（ウォーキング、ストレッチなど）
3 社会参加（趣味、ボランティア、就労、友達との交流など）

身体的フレイル
- 筋肉の減少
- 疲労感
- 食欲の低下 など

心理的フレイル
- 意欲の低下
- 認知機能の低下 など

社会的フレイル
- 人づきあいの減少
- 社会活動の減少
- 閉じこもり など

身体面、心理面、社会面の 3つのフレイルを良好にする

　フレイルは、加齢にともなう心身の変化と社会的、環境的な要因が重なって起こり、それぞれの負の連鎖により悪化していきます。ですからフレイルを予防するためには、①栄養、②身体活動、③社会参加の3つが重要だとい

われています。最近の研究では、特に「社会参加」の頻度の低下がフレイルの入り口になりやすいことがわかってきています。

　2020年度から、75歳以上を対象に「フレイル健診」が導入されています。下表は、健診の質問票です。日頃からこれらの項目を意識することで、フレイル予防にもつながります。

フレイルリスクのチェックリスト（フレイル健診の質問表）

（厚生労働省「高齢者の特性を踏まえた保健事業ガイドライン第2版」より作成）

区分	質問
健康状態	1. あなたの現在の健康状態はいかがですか。
心の健康状態	2. 毎日の生活に満足していますか。
食習慣	3. 1日3食きちんと食べていますか。
口腔機能	4. 半年前に比べて固いもの（さきいか、たくあんなど）が食べにくくなりましたか。 5. お茶や汁物等でむせることがありますか。
体重変化	6. 6か月間で2〜3kg以上の体重減少がありましたか。
運動・転倒	7. 以前に比べて歩く速度が遅くなってきたと思いますか。 8. この1年間に転んだことがありますか。 9. ウォーキング等の運動を週に1回以上していますか。
認知機能	10. 周りの人から「いつも同じことを聞く」などの物忘れがあると言われていますか。 11. 今日が何月何日かわからないときがありますか。
喫煙	12. あなたはたばこを吸いますか。
社会参加	13. 週に1回以上は外出していますか。 14. 普段から家族や友達とつきあいがありますか。
ソーシャルサポート	15. 体調が悪いときに、身近に相談できる人がいますか。

6
章

成人期・高齢期の発達

233

キーワードさくいん

人名さくいん

参考文献

榎本淳子・藤澤文 [編] (2020)『エビデンスベースの教育心理学―心身の発達と学習の過程』ナカニシヤ出版

繁多進 [監修] / 向田久美子・石井正子 [編著] (2010)『新 乳幼児発達心理学―もっと子どもがわかる 好きになる』福村出版

林洋一 [監修] (2010)『史上最強図解　よくわかる発達心理学』ナツメ社

開一夫・齋藤慈子 [編] (2018)『ベーシック発達心理学』東京大学出版会

本田秀夫 [監修] (2018)『発達障害がよくわかる本』講談社

柏木恵子 (2013)『おとなが育つ条件―発達心理学から考える』岩波新書

柏木恵子・若松素子 (1994)「「親となる」ことによる人格発達―生涯発達的視点から親を研究する試み」『発達心理学研究』5, 72-83.

川島一夫・渡辺弥生 [編著] (2010)『図で理解する発達―新しい発達心理学への招待』福村出版

小西行郎 [監修] (2007)『子どもの心の発達がわかる本』講談社

髙坂康雅 (2010)「大学生及びその恋人のアイデンティティと"恋愛関係の影響"との関連」『発達心理学研究』21, 182-191

髙坂康雅 (2013)「青年期における"恋人を欲しいと思わない"理由と自我発達との関連」『発達心理学研究』24, 284-294

森口佑介 (2014)『おさなごころを科学する―進化する乳幼児観』新曜社

森田洋司 (2010)『いじめとは何か―教室の問題、社会の問題』中公新書

日本発達心理学会 [編] (2013)『発達心理学事典』丸善出版

日本心理学諸学会連合 心理学検定局 [編] (2015)『心理学検定 基本キーワード [改訂版]』実務教育出版

西野真由美 [編著] (2020)『新訂 道徳教育の理念と実践』放送大学教育振興会

岡本祐子・深瀬裕子 [編著] (2013)『エピソードでつかむ生涯発達心理学』ミネルヴァ書房

大野久 [編著] (2010)『エピソードでつかむ青年心理学』ミネルヴァ書房

小野寺敦子 (2009)『手にとるように発達心理学がわかる本』かんき出版

太田信夫 [監修] /二宮克美・渡辺弥生 [編集] (2017)『シリーズ心理学と仕事5 発達心理学』北大路書房

坂上裕子・山口智子・林創・中間玲子 (2014)『問いからはじめる発達心理学―生涯にわたる育ちの科学』有斐閣

櫻井茂男・佐藤有耕 [編] (2013)『スタンダード発達心理学』サイエンス社

佐藤眞一・権藤恭之 [編著] (2016)『よくわかる高齢者心理学』ミネルヴァ書房

下山晴彦・佐藤隆夫・本郷一夫 [監修] /林創 [編著] (2019)『公認心理師スタンダードテキストシリーズ 12 発達心理学』ミネルヴァ書房

心理学専門校ファイブアカデミー (2020)『心理学キーワード&キーパーソン事典』ナツメ社

鈴木忠・飯牟礼悦子・滝口のぞみ (2016)『生涯発達心理学―認知・対人関係・自己から読み解く』有斐閣

鈴木祐 (2018)『最高の体調』クロスメディア・パブリッシング

高橋一公 [編] (2020)『青年心理学』サイエンス社

田中真介 [監修] /乳幼児保育研究会 [編著] (2009)『発達がわかれば子どもが見える―0歳から就学までの目からウロコの保育実践』ぎょうせい

渡辺弥生 (2005)『親子のためのソーシャルスキル』サイエンス社

渡辺弥生 (2008)『ウチの子、最近、手に負えない!』すばる舎

渡辺弥生 (2011)『子どもの「10歳の壁」とは何か?―乗りこえるための発達心理学』光文社新書

渡辺弥生 (2015)『中1ギャップを乗り越える方法―わが子をいじめ・不登校から守る育て方』宝島社

渡辺弥生 (2019)『感情の正体―発達心理学で気持ちをマネジメントする』ちくま新書

渡辺弥生 (2019)『心が荒れている子にちゃんと伝わる12歳までのお母さんの言葉がけ』PHP研究所

渡辺弥生 [監修] (2019)『まんがでわかる発達心理学』講談社

渡辺弥生 (2021)「第26章SEL(社会性と感情の学習)」『新道徳教育全集 第2巻 諸外国の道徳教育の動向と展望』学文社

渡辺弥生・榎本淳子 [編] (2012)『発達と臨床の心理学』ナカニシヤ出版

渡辺弥生 [監修] /藤枝静暁・藤原健志 [編著] (2021)『対人援助職のための発達心理学』北樹出版

渡辺弥生・西野泰代 [編著] (2020)『ひと目でわかる発達―誕生から高齢期までの生涯発達心理学』福村出版

渡辺弥生・西山久子 [編著] (2018)『必携:生徒指導と教育相談―生徒理解、キャリア教育、そして学校危機予防まで』北樹出版

監修　渡辺 弥生（わたなべ・やよい）

大阪生まれ。筑波大学卒業、同大学大学院博士課程心理学研究科で学んだ後、筑波大学、静岡大学、ハーバード大学客員研究員、カリフォルニア大学サンタバーバラ校客員研究員を経て、現在、法政大学文学部心理学科教授。同大学大学院ライフスキル教育研究所長。教育学博士。専門は発達心理学、発達臨床心理学、学校心理学。社会性や感情、道徳性の発達研究と対人関係の問題行動の予防やソーシャルスキルトレーニングに力を入れている。最近は、ソーシャル・エモーショナル・ラーニングの教育支援のもとに幼児や大人までを対象に教育実践も行っている。単著に『子どもの「10歳の壁」とは何か？―乗りこえるための発達心理学』（光文社新書）、『感情の正体―発達心理学で気持ちをマネジメントする』（ちくま新書）、『親子のためのソーシャルスキル』（サイエンス社）、共編著に『ひと目でわかる発達―誕生から高齢期までの生涯発達心理学』（福村出版）、『必携 生徒指導・教育相談―生徒理解、キャリア教育、そして学校危機予防まで』（北樹出版）、監修に『まんがでわかる発達心理学』（講談社）、『子どものやる気を引き出し、頭のいい子が育つ　生きる力を楽しく育てる小さなおはなし365』（ナツメ社）など多数。

本文デザイン	永瀬優子（ごぼうデザイン事務所）
本文イラスト	くどうのぞみ
校正	株式会社オフィスバンズ
編集協力	三浦真紀、北川由子、団 桃子 篠原明子
編集担当	田丸智子（ナツメ出版企画）

本書に関するお問い合わせは、書名・発行日・該当ページを明記の上、下記のいずれかの方法にてお送りください。
電話でのお問い合わせはお受けしておりません。
● ナツメ社webサイトの問い合わせフォーム
　https://www.natsume.co.jp/contact
● FAX（03-3291-1305）
● 郵送（下記、ナツメ出版企画株式会社宛て）
なお、回答までに日にちをいただく場合があります。正誤のお問い合わせ以外の書籍内容に関する解説・個別の相談は行っておりません。あらかじめご了承ください。

完全カラー図解　よくわかる発達心理学

2021年10月 5 日　初版発行
2023年 7 月10日　第 5 刷発行

監修者	渡辺 弥生	Watanabe Yayoi, 2021
発行者	田村正隆	

発行所	株式会社ナツメ社 東京都千代田区神田神保町1-52　ナツメ社ビル1F（〒101-0051） 電話　03（3291）1257（代表）　FAX　03（3291）5761 振替　00130-1-58661
制作	ナツメ出版企画株式会社 東京都千代田区神田神保町1-52　ナツメ社ビル3F（〒101-0051） 電話　03（3295）3921（代表）
印刷所	ラン印刷社

ナツメ社Webサイト
https://www.natsume.co.jp
書籍の最新情報（正誤情報を含む）は
ナツメ社Webサイトをご覧ください。